高等职业教育"十三五"规划教材

市场调研与需求分析
一体化项目教程

主　编　向红梅
副主编　康　亮　宋世才

北京邮电大学出版社
www.buptpress.com

内 容 简 介

本书以职业能力和素质培养为核心,以真实项目为载体,以工作过程为导向,以实际工作步骤为主线,坚持按照实用性、实践性、前瞻性的原则编写。按照市场调研的流程,设计基于工作过程的项目课程体系,实现"教""学""做"一体化、"角色""岗位"一体化,引导学生"做中学、学中做、做中教"。学生通过自己建构学习目标,完成项目工作任务及成果分享与反思,学会所需的职业能力,提高职业素养。

本书可作为高职高专院校电子商务、市场营销、物流管理专业的教材,也可作为企事业单位策划、调研部门的培训教材或社会从业人士的参考读物。

图书在版编目(CIP)数据

市场调研与需求分析一体化项目教程 / 向红梅主编. -- 北京:北京邮电大学出版社,2019.1
ISBN 978-7-5635-5681-6

Ⅰ. ①市… Ⅱ. ①向… Ⅲ. ①市场调研－高等职业教育－教材②市场需求分析－高等职业教育－教材 Ⅳ. ①F713.52

中国版本图书馆 CIP 数据核字(2019)第 018147 号

书　　　名:市场调研与需求分析一体化项目教程	
主　　　编:向红梅	
责任编辑:徐振华　王小莹	
出版发行:北京邮电大学出版社	
社　　　址:北京市海淀区西土城路 10 号(邮编:100876)	
发 行 部:电话:010-62282185　传真:010-62283578	
E-mail:publish@bupt.edu.cn	
经　　　销:各地新华书店	
印　　　刷:保定市中画美凯印刷有限公司	
开　　　本:787 mm×1 092 mm　1/16	
印　　　张:10.75	
字　　　数:279 千字	
版　　　次:2019 年 1 月第 1 版　2019 年 1 月第 1 次印刷	

ISBN 978-7-5635-5681-6　　　　　　　　　　　　　　　定价:29.00元

·如有印装质量问题,请与北京邮电大学出版社发行部联系·

前　言

自从教育部和财政部正式启动"国家示范性高等职业院校建设计划"以来,我国的高等职业技术教育迎来了飞速发展的新阶段。根据教育部颁发的《关于全面提高高等职业教育教学质量的若干意见》等文件精神,高等职业技术教育要在课程设置、教学内容和教学方法上进行深度产教融合的改革,以满足构建生产劳动和社会实践相结合的学习模式的需要。经过多年的发展和改革,全国高等职业技术教育已经全面进入高职优质校建设的新阶段。

全国高职优质校建设的核心内容之一,就是进一步完善适应市场经济发展需要的产教融合、"做-学-教"的专业课程化、课程专业化建设。课程建设是一项长期的系统性任务,不可能一蹴而就。就"市场调研与需求分析"这门课程而言,其重要性持续提高,虽然开设了该门课程的相关专业的毕业生越来越受到市场的欢迎,但是课程专业化、专业课程化的内容建构性与生成性仍有待加强。高职高专的教学定位是为各个企业输送多层次的专业技术人才,所以高职高专市场营销类的毕业学生不可能也没有必要达到其他普通高等院校的 MBA 或者 EMBA 毕业生的水平,但是他们必须成为基本具备初步的营销理论和基本实践技能的专业人才。高职高专院校的"市场调研与需求分析"课程既不像高层次营销理论课程那么深奥与繁复,又不像普通的基础理论普及课程那么简单,它需要提供技能与实践!

目前各高职高专院校使用的市场营销类的教材不尽相同,主要是由各高职院校老师根据国家高职优质校建设的要求和行业企业的需求编写的。本书既很好地体现了高职高专优质校建设的定位特点,又体现了教学与企业需求的无缝对接。在本书编写过程中,编者充分吸收了国外与国内前沿的基础专业理论,更是多次深入企业实地考察调研,足迹遍布祖国大江南北,并与多位企业家深入交流意见。在国家提出重点支持中小实体企业发展的战略以后,本书编者又与众多中小企业的负责人交流,听取他们对市场调研人才的需求和看法,真正详细研究了市场调研人才培养与企业对应岗位合格人才需求的精髓,并结合编者多年的教育教学实践,历经数载,终于将本书编写完成。

本书的第一个特点是具有实用性,这是由于本书编者大量实地拜访企业负责人这一务实精神决定的。编者通过大量调研企业的实际需求,并分析总结出一般规律,从而形成学生易于掌握、老师容易传授、让毕业生乐于被企业接受的教程。本书按照从设计市场调研方案开始到撰写调研报告结束的五步法进行编排,结构合理,项目实际,结构实用。

本书的第二个特点是具有实践性。实践性体现了高职高专的定位特点。书中的实战演练、分享与反思等小节能够使学生通过掌握课程的内容,主动适应不同类型的企业需求,按照普遍实用的步骤流程,完成市场调研与需求分析的系列任务,对于提升高职学生实践技能有突出的帮助。

第三个特点是具有前瞻性。市场调研的所有过程与素材都是基于既存的事实,而且必须是客观真实的;但是市场调研的目的都是指向未来的。为总结而总结的调研与课程都没有任何意义,这就要求学生能够养成分析和推理的习惯。分析和推理的过程存在无穷的变量,学生需要在这无穷的变量之中寻找到阶段性稳定的恒量,透过这个阶段性稳定的恒量得到阶段性的正确结论。这样的分析习惯和本领一旦养成,学生就能成为具有前瞻性的市场调研人才。本书的各种实例和推理逻辑的最终指向都是为了着力培养学生前瞻性分析问题的能力。

另外,本书采用专门章节进行网络市场调研的论述,体现出本书编者灵敏的市场嗅觉。任何事物都不是一成不变的,而是与时俱进的。当网络不断快速改变人们生活的同时,它也在改变人们的工作方式,甚至在改变人们的思维方式!从经济学的角度讲,市场调研是一种需要付出成本的市场行为,成本本身必然有高有低,而网络市场调研无疑是一种低成本的市场行为。这种低成本的市场行为如果逐渐得到企业的认可,那么,网络市场调研将有可能成为未来市场调研的一种趋势。

本书作为一本特色鲜明的实用型市场调研教材,必将在教学实践中,受到越来越多的优质高职高专院校师生及行业企业读者的认可。编者在此感谢参与本书编写的朱彤、文婷、杨丽华、陆学勤、杨明、吴传淑、王强、刘雅丹、王晋等老师的辛勤付出,同时也欢迎广大读者对本书提出宝贵意见和建议。

编　者

目 录

项目任务 1　设计市场调研方案 ·· 1

 Ⅰ　真实任务练习 ·· 2
  任务解析｜5 个赞赏 ··· 2
  拟定学习目标｜5 个赞赏 ·· 3
  编制团队工作（学习）计划｜5 个赞赏 ·· 4
 Ⅱ　智慧教学 ·· 5
 Ⅲ　破冰游戏 ·· 5
 Ⅳ　知识技能学习 ·· 6
 Ⅴ　实战演练 ·· 10
 Ⅵ　分享与反思 ·· 12
  分享｜5 个赞赏 ·· 12
  学习反思｜5 个赞赏 ··· 17
  单元测验｜5 个赞赏（建议在 40 分钟内完成） ·· 18
 Ⅶ　拓展学习｜5 个赞赏 ·· 20
 Ⅷ　下一个工作任务｜5 个赞赏 ·· 21

项目任务 2　制订调研问卷 ·· 22

 Ⅰ　真实任务练习 ·· 23
  任务解析｜5 个赞赏 ··· 23
  拟定学习目标｜5 个赞赏 ·· 24
  编制团队工作（学习）计划｜5 个赞赏 ·· 25
 Ⅱ　智慧教学 ·· 26
 Ⅲ　破冰游戏 ·· 26
 Ⅳ　知识技能学习 ·· 27
 Ⅴ　实战演练 ·· 36
 Ⅵ　分享与反思 ·· 38
  分享｜5 个赞赏 ·· 38
  学习反思｜5 个赞赏 ··· 42
  单元测验｜5 个赞赏（建议在 40 分钟内完成） ·· 43
 Ⅶ　拓展学习｜5 个赞赏 ·· 45
 Ⅷ　下一个工作任务｜5 个赞赏 ·· 45

项目任务3 开展实地调研 ····· 46

Ⅰ 真实任务练习 ····· 47
- 任务解析 | 5个赞赏 ····· 47
- 拟定学习目标 | 5个赞赏 ····· 48
- 编制团队工作(学习)计划 | 5个赞赏 ····· 49

Ⅱ 智慧教学 ····· 50
Ⅲ 破冰游戏 ····· 51
Ⅳ 知识技能学习 ····· 51
Ⅴ 实战演练 ····· 64
Ⅵ 分享与反思 ····· 66
- 分享 | 5个赞赏 ····· 66
- 学习反思 | 5个赞赏 ····· 68
- 单元测验 | 5个赞赏(建议在30分钟内完成) ····· 69

Ⅶ 拓展学习 | 5个赞赏 ····· 70
Ⅷ 下一个工作任务 | 5个赞赏 ····· 70

项目任务4 分析调研资料 ····· 71

Ⅰ 真实任务练习 ····· 72
- 任务解析 | 5个赞赏 ····· 72
- 拟定学习目标 | 5个赞赏 ····· 73
- 编制团队工作(学习)计划 | 5个赞赏 ····· 74

Ⅱ 智慧教学 ····· 75
Ⅲ 破冰游戏 ····· 76
Ⅳ 知识技能学习 ····· 76
Ⅴ 实战演练 ····· 95
Ⅵ 分享与反思 ····· 97
- 分享 | 5个赞赏 ····· 97
- 学习反思 | 5个赞赏 ····· 105
- 单元测验 | 5个赞赏(建议在40分钟内完成) ····· 106

Ⅶ 拓展学习 | 5个赞赏 ····· 107
Ⅷ 下一个工作任务 | 5个赞赏 ····· 107

项目任务5 撰写调研报告 ····· 108

Ⅰ 真实任务练习 ····· 109
- 任务解析 | 5个赞赏 ····· 109
- 拟定学习目标 | 5个赞赏 ····· 110
- 编制团队工作(学习)计划 | 5个赞赏 ····· 111

Ⅱ 智慧教学 ····· 112
Ⅲ 破冰游戏 ····· 113

Ⅳ　知识技能学习……………………………………………………………………113
　Ⅴ　实战演练………………………………………………………………………122
　Ⅵ　分享与反思……………………………………………………………………124
　　分享｜5个赞赏………………………………………………………………124
　　学习反思｜5个赞赏…………………………………………………………130
　　单元测验｜5个赞赏（建议在40分钟内完成）……………………………130
　Ⅶ　拓展学习｜5个赞赏……………………………………………………………131
　Ⅷ　下一个工作任务｜5个赞赏……………………………………………………131

项目任务6　实施网络市场调研…………………………………………………132
　Ⅰ　真实任务练习…………………………………………………………………133
　　任务解析｜5个赞赏…………………………………………………………133
　　拟定学习目标｜5个赞赏……………………………………………………134
　　编制团队工作（学习）计划｜5个赞赏………………………………………135
　Ⅱ　智慧教学………………………………………………………………………136
　Ⅲ　破冰游戏………………………………………………………………………137
　Ⅳ　知识技能学习…………………………………………………………………137
　Ⅴ　实战演练………………………………………………………………………157
　Ⅵ　分享与反思……………………………………………………………………159
　　分享｜5个赞赏………………………………………………………………159
　　学习反思｜5个赞赏…………………………………………………………160
　　单元测验｜5个赞赏（建议在40分钟内完成）……………………………161
　Ⅶ　拓展学习｜5个赞赏……………………………………………………………162

参考文献……………………………………………………………………………163

项目任务 1　设计市场调研方案

任务单

　　在"大众化教育"取代"精英教育",不断扩招的十年来,高校毕业生人数由1999年的近90万人增长到2011年的近671万人,其中高职生已占半数以上。但在700余所高职院校中,毕业生就业率仅为50.1%。高职院校本是专业技能人才的孵化器,但是是什么原因导致其毕业生只有一半的就业率呢?如果就业的增长率长期大幅低于高职教育规模的增长率,那么高职毕业生今后就业难的显性问题将会反过来掣肘高职教育的发展。

　　与"就业难"形成鲜明对比的是中小企业"用工荒"。"用工荒"与"就业难"能如此矛盾地存在,说明需求与供给之间存在明显的鸿沟。为了摸清中小企业的用人需求、用人标准以及企业工作岗位所需的知识能力结构,调研公司及相关院校正在计划调研中小企业对高职应届毕业生的人才需求现状,以期在企业和学校之间真正能够架起一座桥梁,使"用工荒"与"就业难"的天堑变通途。

　　任务:你现在已经被该调研公司聘为市场调研部的策划员,当前任务是设计"中小企业对高职应届毕业生的人才需求现状"的调研方案。

Ⅰ 真实任务练习

任务解析 ｜ 5个赞赏

教师分析任务需求：
确定的调研团队；
调研人员的知识和技能及经验；
调研对象的背景资料及用人需求。

教师提出任务要求：
学习者自由组合为5～8人的调研团队，网上（运用搜索引擎）收集二手资料，了解市场调研方案的主要内容，在线阅读市场调研方案设计案例。

点击进入8～10家中小企业的官方网站，了解该企业成立的背景及经营理念。在线咨询不同阶层的中层企业领导50位，了解企业现存在的问题、用人标准及对高职毕业生的评价，确定调研目的及意义。

围绕调研目的取舍调研内容，结合实际选择调研方法，运用市场调研方案设计的知识，设计出"中小企业对高职应届毕业生的人才需求现状"的调研方案。电话预约3～5位中小企业的人事主管或行业专家，咨询胜任该企业岗位所需的知识及能力要求，现场征求已设计好的调研方案的可行性及修订意见。

调研团队对任务单中问题的理解：

根据团队表现对其进行等级评价：　＋赞 ☆☆☆☆☆　　　　　　　　分享/转发 ☆☆☆☆☆

教师对任务单中问题的理解：
市场调研方案设计是指在进行市场调研之前，对整个调研过程进行全面系统的规划，提出科学、全面、可行的调研实施计划，设计出合理的工作程序。科学合理的市场调研方案是市场调研人员实施市场调研活动的纲领，也是整个市场调研能够达到预期效果的保障。本任务以工作岗位为切入口，按照岗位流程进行任务分解。

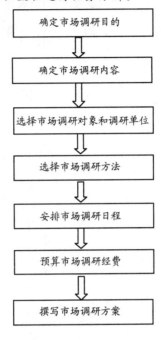

拟定学习目标 ｜5个赞赏

课程学习目标：
通过课程学习掌握市场调研主题的确定原则，识记市场调研方案设计的内容和结构，领会调研内容与调研主题的内在联系。能够在调研实践过程中依据调研背景确定市场调研目的，围绕调研目的合理取舍调研内容，结合实际设计一份周密的市场调研方案。课程学习结果是提交所编制的一份符合调研主题的、周密的调研方案（文档）。

个人学习目标：

编制团队工作(学习)计划 | 5 个赞赏

月　日 — 　月　日，　年

27	28	29	30	31	1	2
周日	周一	周二	周三	周四	周五	周六

27	28	29	30	31	1	2
周日	周一	周二	周三	周四	周五	周六

Ⅱ 智慧教学

(1) 打开微信,关注"雨课堂",建立课程。

(2) 建立班级。

Ⅲ 破冰游戏

6~8人结成小组,以组为单位进行比赛。所有人站在报纸上,身体各部位都不能与报纸外任何地方接触。站在报纸上的所有人要一起坚持3 s,才算完成任务。第一次将报纸完全打开,第二次将报纸对折,第三次将报纸再对折,这样一共进行三轮比赛。最终以累计人次为准,人数最多的小组获胜。排在倒数第一的小组则应介绍自己市场调研方案的设计思路。

Ⅳ 知识技能学习

1. 确定市场调研目的

简单地说,调研目的就是调研任务,指的是调研公司或某一企业组织市场调研想要达到的具体目标。确定调研目的就是要清楚通过调研要解决哪些问题,取得哪些资料。具体地,确定调研目的可以按以下流程进行:

第一,通过访谈、实地考察、查阅二手资料等方法了解企业需要解决的问题以及问题产生的背景;

第二,围绕"为什么要调研,想得到什么样的资料,获得的资料有什么用"这3个问题来提炼调研目标;

第三,反思调研目标是否客观适中。调研目标设计太大,则可能以偏概全;调研目标太小,则难免削足适履。这两者都不符合市场调研目标的科学性要求。

【动起来】

试根据"中小企业对高职应届毕业生的人才需求现状"的调研背景,确定出该项目的调研目标,并完成表1-1。

表 1-1 调研目标确定流程表

为什么要调研	想得到哪些资料	获得的资料有什么用	提炼调研目标
1.	1.	1.	1.
2.	2.	2.	2.
3.	3.	3.	3.
…	…	…	…

学习笔记/评论

学习本知识技能点后,对其等级评价: ＋赞 ☆☆☆☆☆   分享/转发 ☆☆☆☆☆

---

2. 确定市场调研内容

在市场调研方案中,调研内容与调研目的紧密联系。内容为目的服务,他们是一体两面的关系。也就是说,调研内容必须能实现调研目的,调研内容一定要围绕调研目的和所要解决的问题来确定,且调研内容选取要做到准确、有效。调研内容与调研目的的关系如图1-1所示。

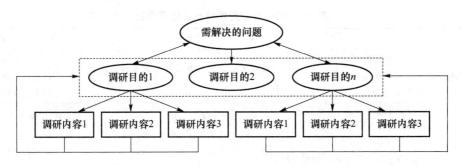

图 1-1 调研内容与调研目的的关系

3. 选择市场调研对象和调研单位

选择调研对象和调研单位,主要是为了解决向谁调研和由谁来提供资料的问题。即根据调研目的,确定具体的调研单位及调研范围。在确定调研对象和调研单位时,可以按照表 1-2 的思路进行演练。

表 1-2 调研对象与调研单位的确定

调研背景	调研目的	调研对象	调研单位
调研背景 1	1.		
	2.		
	3.		
调研背景 2	1.		
	2.		
	3.		

【动起来】

请大家结合表 1-1 的调研目标,试着完成表 1-2 的调研对象及调研单位的确定(调研背景是"中小企业对高职应届毕业生的人才需求现状"的调研背景)。

学习笔记/评论

学习本知识技能点后,对其等级评价: ＋赞 ☆☆☆☆☆   分享/转发 ☆☆☆☆☆

4. 选择市场调研方法

调研方法是指收集调研资料所采用的具体方法。一般来说,二手资料法、座谈会、文献法、入户访问、拦截式访问、电话调研、邮寄调研、深度访谈采用较多。但是,无论哪种调研方法,都有各自的优缺点(如表 1-3 所示),在市场调研实践中,最好是多措并举,各种方法互相补充。

表 1-3 调研方法的优缺点及适用范围

调研方法	优点	缺点	适用范围
二手资料法	①搜集资料范围广,可搜集到各种类型的资料 ②省事、省力	难以考察资料的真实性及调研样本的代表性	①项目的前期准备 ②搜集相关政策 ③搜集会议资料
座谈会	①能录制整个过程,可事后进行分析 ②能畅所欲言 ③启发参加者深入探讨问题	①参加者不具有代表性 ②参加者易受其他人影响,不一定代表参加者自己的意见	搜集有关事物本质、特征的资料,对数量没太大要求的调研项目
文献法	①适用范围广,现存文献种类多 ②省时、节省费用	被动搜集现有资料,不能主动提出问题并解决市场决策中遇到的问题	搜集会议、文件、内部资料、政策法规、论文和调研报告等
入户访问	①样本的代表性强 ②能有较高的有效回答率 ③访问中可纠正不合格答案	①人力、时间及费用消耗较大 ②可能出现访问员的错误理解问题 ③对访问员的要求较高	时间、经费、人力充足,样本大的调研项目
拦截式访问	①访问时间短 ②可控制问卷的真实性及质量 ③没有抽样环节,可节省费用	①容易流失掉不到该场所去的群体 ②不能耽误被访者太长时间 ③可能出现被访者中途拒答现象	对时间要求短的调研项目;能清晰定义被访者的年龄、性别、职业等的调研项目
电话调研	①访问时间短 ②节省费用 ③问卷简单,对访员的要求低	①无法访问无电话的单位或个人 ②无法深入了解情况 ③难以辨别答案真伪,拒访较多	样本量多,调研内容简单,易让人接受的调研项目
邮寄调研	①可扩大范围,增加样本量 ②可减少访问员的劳务费 ③被访者有充足的时间填问卷	①问卷回收率较低 ②问卷的内容和题型不能太困难 ③调研内容的要求不易引起被访者兴趣	社会共性问题的调研项目
深度访谈	①可获得比较全面的资料 ②适合了解一些复杂的问题	①要求访员的技巧高和经验多 ②调研对象是特殊人群,难联系	向官员咨询政策,向竞争对手搜集资料

5. 安排市场调研日程

为了调研项目顺利开展,调研方案需对调研日程进行安排,即包括调研工作各个流程的起止时间与天数,以及工作任务的负责人及参与人员的简要说明。在实际调研活动中,可根据调研范围大小,调研时间长短,制作市场调研日程安排表(如表1-4所示)。

表 1-4 市场调研日程安排表

团队活动内容	日程安排	天数	参与活动小组	主要负责人及参与人员	备注
调研方案初步设计					
调研问卷初步设计					
预调研及方案修订					
调研问卷修订及打印					
调研人员挑选与培训					
调研访问实施					
资料整理与分析					
市场调研报告撰写					
调研报告修订并提交					

【动起来】

请各调研团队的成员依据任务的调研背景,试着安排"中小企业对高职应届毕业生的人才需求现状"市场调研日程,并填写在表1-4中。

学习笔记/评论
学习本知识技能点后,对其等级评价: ＋赞 ☆☆☆☆☆　　　分享/转发 ☆☆☆☆☆

6. 预算市场调研经费

预算市场调研经费是指估计和测算整个市场调研活动中可能产生的费用。通常情况下,市场调研经费预算结构为:策划费占30%,访问费占40%,统计费占10%,报告费占20%。

【动起来】

请各调研团队的成员依据任务单的调研背景,试着对"中小企业对高职应届毕业生的人才需求现状"市场调研的经费进行相应的预算安排,并填写在表1-5中。

表1-5　市场调研经费预算表

费用支出项目	数　量	单价/元	金额/元	备　注
方案设计策划费				
抽样设计实施费				
调研问卷设计费				
调研问卷印刷装订费				
调研人员劳务费				
资料整理分析费				
调研报告撰写费				
合计				

学习笔记/评论
学习本知识技能点后,对其等级评价: ＋赞 ☆☆☆☆☆　　　分享/转发 ☆☆☆☆☆

7. 撰写市场调研方案

撰写市场调研方案主要有以下几个方面需要仔细考虑：

（1）调研方案的格式

调研方案包括摘要、前言、调研的目的和意义、调研的内容和范围、调研采用的方式和方法、调研进度的安排和有关经费开支的预算、附件等部分。

（2）撰写调研方案应注意的问题

① 一份完整的调研方案对上述 1 到 6 部分的内容均应涉及，不能有遗漏，否则就是不完整的方案。

② 调研方案的设计必须建立在对调研背景的深刻认识上。

③ 调研方案要做到既科学又经济。

④ 调研方案的格式可以灵活，不一定要采用固定格式。

⑤ 调研方案的书面报告非常重要。一般来说，调研方案的起草与撰写应由课题的负责人完成。

（3）调研方案的可行性

1）调研方案的可行性判断方法

① 逻辑分析法

逻辑分析法是指从逻辑的层面对调研方案进行把关，考察其是否符合逻辑和情理的方法。

② 经验判断法

经验判断法是指通过组织一些具有丰富市场调研经验的人，对设计出来的市场调研方案进行初步研究和判断，以说明调研方案的合理性和可行性的方法。

③ 试点调研法

试点调研法是指通过在小范围内选择部分单位进行试点调研，对调研方案进行实地检验，以说明调研方案的可行性的方法。

2）调研方案的模拟调研

调研方案的模拟调研只适用于调研内容很重要，调研规模很大的调研项目，并不是所有的调研方案都需要进行模拟调研。模拟调研的形式很多，有客户论证会和专家评审会等形式。

3）调研方案的总体评价

调研方案的总体评价可以从调研方案是否体现调研目的和要求，调研方案是否具有可操作性，调研方案是否科学和完整，调研方案是否具有调研质量高、效果好的特点等几个角度去衡量。

如果这些内容能够在撰写市场调研方案之前得到认真的贯彻落实，那么，一份真正科学、合理、可行的市场调研方案就会顺利诞生了。

Ⅴ 实 战 演 练

1. 操作步骤

第一步：教师下达任务单，介绍任务的背景及目的要求，对市场调研方案设计的实践应用价值给予说明，调动学生参与设计的积极性，同时传授市场调研方案设计的基本内容、格式要求以及可行性的判断方法。

第二步：组建调研团队。教师将教学班的学生按每小组 5～8 人的标准划分成若干项目小组，每个小组指定或推选一名组长。

第三步：学生阅读市场调研方案设计的范例（见范例 1-1 和 1-2），将其作为操作参考。

第四步：学生查找与任务背景有关的资料。例如，点击进入 8～10 家中小企业的官方网站，了解该企业成立的背景、经营理念、用人需求及条件。在线咨询或实地拜访不同阶层的中层企业领导 50 位，了解影响高职毕业生难就业和中小企业难招人的原因。

第五步：学生设计市场调研方案。各项目小组的每位成员结合任务单的任务背景描述及任务的要求，调配资源，每人拟定"中小企业对高职应届毕业生的人才需求现状"市场调研的调研目标、调研内容、调研对象、调研方法、时间进度、资金预算的初稿。

第六步：学生修订市场调研方案。各项目小组汇总个人设计的市场调研方案初稿，小组讨论，设计出项目小组的市场调研方案，并通过咨询专家修改成最终稿。

第七步：教师集中安排各项目组向全班报告（PPT 口头报告）。首先各项目小组推荐发言人或组长代表本小组，借助 PPT 展示本团队成果，说明不足之处，接受其他团队的质询；然后，教师点评、总结；最后，全班匿名投票，评选出优胜团队，给予表扬与奖励。

2. 注意事项

1）教师注意要事先将教学班的学生按照自由组合或寝室编号分成不同的项目小组，并确定每个项目小组的组长，让学生以小集体的形式共同完成市场调研方案设计的任务。

2）注意市场调研方案设计的完整性，市场调研方案设计包含的几个方面的内容均要涉及。若有遗漏，该方案设计视为不完整。

3）市场调研方案设计的具体格式可以灵活多样，可以将几个方面的内容适当合并或进一步细分，但应根据具体项目的调研背景进行灵活处理。

3. 效果评价

根据学生上课出勤、课堂讨论发言、调研方案设计、文字写作水平及 PPT 口头报告情况等进行评定。首先，各项目组组长对组内各成员进行成绩评定（优秀、良好、中等及格、不及格），并填写表 1-6；然后，教师对小组提交的市场调研方案和 PPT 口头报告进行点评；最后，教师综合评出各小组成绩，并按照以下公式进行加权计算，给出个人最终成绩且填写表 1-7。

个人最终成绩＝组长评定成绩×30％＋教师评定成绩×70％

表 1-6　组长评定组内成员成绩表

项目小组成员姓名	小组成员成绩/分					备注
	优秀（90 以上）	良好（80～90）	中等（80～90）	及格（80～90）	不及格（60 以下）	

表 1-7　教师评定调研方案设计及口头报告 PPT 成绩表

评价指标	分值/分	评分/分	备注
调研方案体现了调研目的和要求	10		
调研方案的可操作性	15		
调研方案设计的完整性与科学性	20		
PPT 制作水平	10		
口头汇报效果	10		
调研方案的质量和效果	35		
调研方案的总体评价	100		

Ⅵ　分享与反思

分享 | 5 个赞赏

范例 1-1　可口可乐市场调研方案设计

一、前言

可乐市场是很早就时兴起来的消费品市场之一,而可口可乐很快就遍布世界各地,品种也不断增加。根据预测,该市场需求曲线呈上升趋势。

为了扩大可口可乐在消费者中的需求,同时根据市场环境分析,为了更好地做好销售工作,必须进行饮料市场调研。

本次市场调研将围绕消费者、市场、竞争者来进行策划。

二、调研目的

(1) 为可口可乐在重庆市场进行营销策划提供客观依据。

具体如下:

① 了解重庆市场状况。各区经济发展基础不同,消费水平不一样。

② 了解重庆消费者的人口、家庭等统计资料,测算市场容量及潜力。

③ 了解消费者对可口可乐饮料的消费观点、习惯、偏好以及建议等。

④ 了解竞争对手的广告策略、销售策略。

⑤ 了解消费者的年龄分布。

(2) 为可口可乐(重庆)饮料有限公司总体营销提供有关的市场信息,也为更好地实行生产、销售管理以及新产品的研发提供客观的依据。

三、调研内容

(一) 消费者

① 消费者统计资料(年龄、性别、收入、文化程度、家庭构成等);

② 消费者对可口可乐饮料的消费形态(食用方式、花费、习惯、看法等);

③ 消费者对可口可乐饮料的购买形态(购买过的产品、购买地点、选购标准、购买品种等);

④ 消费者对可口可乐产品本身的需求与偏好的描述;
⑤ 消费者对可口可乐饮料类产品广告、促销的反映。

(二) 市场

① 重庆可口可乐企业的数量、品牌、销售状况;
② 重庆消费者的需求及购买力状况;
③ 重庆市场潜力测评;
④ 重庆可口可乐饮料销售通路状况;
⑤ 重庆的物流情况。

(三) 竞争者

① 重庆市场上现有饮料的种类,饮料的品牌、定位、档次等;
② 市场上现有可口可乐的销售状况;
③ 各品牌、各类型可口可乐的主要购买者描述;
④ 竞争对手的广告策略及销售策略。

四、调研对象及抽样

目前市场的饮料种类琳琅满目,而且知名品牌的饮料也有很多,所以,在确定调研对象时,对调研对象,也就是样本量的选择和设计,既要选择中观层面的消费群体,也要选择微观层面的消费群体,即调研对象要有大客户的目标消费群体,也要有小客户的目标消费群体。中观和微观层面的消费群体的样本量的比重不一样,要有所侧重,指定的不同层面的消费群体调研的样本量的大小要有所不同。

调研对象组成及抽样如下:

消费者:共300户,其中家庭月收入3 000元以上的占50%;家庭月收入3 000元以下的占30%;其他占20%。

在校大学生:10所高校的在校大学生共200人,其中专科生占40%、本科生占30%、研究生占30%。

竞争对手:共20家,其中最大的是百事可乐公司。

其他样本量占20%。

五、市场调研方法

以访谈为主:入户访问、售点访问、群体访问。

六、调研员的规定、培训

(一) 规定

① 仪表端正、大方。
② 举止谈吐得体,态度亲切、热情,具有把握谈话气氛的能力。
③ 经过专门的市场调研培训,专业素质较好。
④ 具有市场调研访谈经验。
⑤ 认真负责,具有积极的工作精神及职业热情。

(二) 培训

培训必须以实效为导向,本次调研其人员的培训决定采用举办培训班、集中讲授的方法,针对本次活动聘请有丰富经验的调研人员面授调研技巧、经验,并对调研人员进行思想道德方面的教育,使之充分认识到市场调研的重要意义,培养他们强烈的事业心和责任感,端正其工作态度、作风,激发他们对调研工作的积极性。

七、人员安排

根据我们的调研方案,在重庆九大主城区进行本次调研的人员有三种:调研督导、调研人员、复核员。具体配置如下所述。

调研督导:1名。

调研人员:20名(其中,15名对消费者进行问卷调研,5名对经销商进行深度访谈)。

复核员:1~2名,可由督导兼职,也可另外招聘。

如有必要还将配备辅助督导(1名),协助进行访谈、收发和检查问卷与礼品。问卷的复核比例为全部问卷数量的30%,全部采用电话复核方式,复核时间为问卷回收的24小时内。

八、调研程序及时间安排

市场调研大致来说可分为准备、实施和结果处理三个阶段。

① 准备阶段:它一般分为界定调研问题、设计调研方案、设计调研问卷或调研提纲三个部分。

② 实施阶段:根据调研要求,采用多种形式,调研人员广泛地收集与调研活动有关的信息。

③ 结果处理阶段:将收集的信息进行汇总、归纳、整理和分析,并将调研结果以书面的形式——调研报告表述出来。

在客户确认项目后,有计划地安排调研工作的各项日程,以规范和保证调研工作的顺利实施。按调研的实施程序,可分7个小项来对时间进行具体安排:

调研方案、调研问卷的设计 …………………………………………… 3个工作日
调研方案、调研问卷的修改、确认 …………………………………… 1个工作日
项目准备阶段(人员培训、安排) …………………………………… 1个工作日
实地访问阶段 …………………………………………………………… 4个工作日
数据预处理阶段 ………………………………………………………… 2个工作日
数据统计分析阶段 ……………………………………………………… 3个工作日
调研报告撰写阶段 ……………………………………………………… 2个工作日
论证阶段 ………………………………………………………………… 2个工作日

九、经费预算(单位:元)

① 策划费	1500
② 交通费	500
③ 调研人员培训费	500
④ 公关费	1000
⑤ 访谈费	1000
⑥ 问卷调研费	1000
⑦ 统计费	1000
⑧ 报告费	500
总计	7000

十、附录

参与人员(真实参与人员):

项目负责人:待定

调研方案、问卷的设计:待定

调研方案、问卷的修改:待定

调研人员培训:待定
调研人员:待定
调研数据处理:待定
调研数据统计分析:待定
调研报告撰写:待定
论证人员:待定
调研方案撰写(真实撰写者):

范例1-2　深圳市瑞银京华资产管理有限公司市场调研方案设计

深圳市瑞银京华资产管理有限公司是2012年8月16日正式成立的一家微型企业。2013年该公司已经正式招聘员工,设立分部,在全国范围内开展业务。在该公司成立之前,公司的发起人或者出资人已经做了非常详细的市场调研。根据市场调研的结论,公司领导才决定了公司的成立,并了解了未来业务发展的方向。根据相关信息,该公司成立时间虽短,但业务发展迅速,这说明该公司的战略定位和市场判断准确。而该战略定位的依据之一就是前期详细的市场调研。因此,该项市场调研具有真正的实战性。本章我们研究的是这个市场调研的调研方案部分。

一、深圳市瑞银京华资产管理有限公司简介

(1)深圳市瑞银京华资产管理有限公司的基本信息

该公司的基本信息如下所述。

注册号:440301106482483。

企业名称:深圳市瑞银京华资产管理有限公司。

地址:深圳市福田区福华路北深圳国际交易广场写字楼2809。

法定代表人:毛明凯。

经营范围:受托资产管理、经济信息咨询、企业管理咨询、投资咨询、投资策划(不含证券、保险、基金、金融业务、人才中介服务及其他限制项目,国内贸易(法律、行政法规、国务院规定在登记前须经批准的项目除外),房地产经纪(不含限制项目),担保业务(法律、行政法规和国务院规定需要前置审批的项目取得相关审批后方可经营)。

注册资本(单位:万元):100。

实收资本(单位:万元):100。

市场主体类型:有限责任公司。

成立日期:2012年8月16日。

经营期限:自2012年8月16日起至2022年8月16日止。

核准日期:2012年8月27日。

年检情况:无年检信息。

(2)深圳市瑞银京华资产管理有限公司的股东信息

该公司的股东信息如表1-8所示。

表1-8　股东信息

股东名称	出资额/万元	出资比例/(%)	股东属性	股东类别
张俊伟	20.0000	20.0000	自然人	自然人
陈彬	70.0000	70.0000	自然人	自然人
杨文莉	10.0000	10.0000	自然人	自然人

（3）深圳市瑞银京华资产管理有限公司的成员信息
该公司的成员信息如表1-9所示。

表1-9 成员信息

姓名	职务	产生方式
毛明凯	总经理	选举
毛明凯	执行（常务）董事	选举
雷志	监事	选举

注：以上企业信息为公开信息，对该企业信息的引用不具有盈利性和其他任何目的。

二、调研目的

该公司的调研目的是摸清中国"有钱人"的具体情况。

（1）中国经过改革开放后，一部分人已经先富起来，手头积累了不少资金（资产和现金）。

1）这部分人群是如何分布的，即主要集中于什么领域？

2）这部分人群的主要投资意向是什么？

3）这部分人的主要投资方式是什么？

（2）中国先富起来的这部分人的市场规模有多大（潜在需求即蛋糕有多大）？

（3）据初步统计，仅深圳市福田区集中的此类公司就有60家以上，再加上北京、上海和广州等地的类似资产管理公司，此类公司总数应该在200家以上。新成立的资产管理公司能否顺利地开展业务并取得客户的认可（蛋糕如何分配）？

三、主要调研对象和内容

在调研方案的核心内容部分，深圳市瑞银京华资产管理有限公司决定与专业的市场调研公司北京零点企业管理咨询顾问有限公司合作，双方签订服务协议，前者共支付后者咨询服务费用共30万元人民币，后者为前者提供详细的市场调研方案并负责执行实施（同业竞争调研部分由公司自己完成）。

北京零点企业管理咨询顾问有限公司为深圳市瑞银京华资产管理有限公司提供的调研方案的主要内容为：

（1）抽样样本

抽样调研中国大陆20个大中城市的高端人群收入和投资状况。20个抽样样本如图1-2所示。

杭州	南京	武汉	天津	大同
温州	苏州	成都	北京	昆明
广州	济南	太原	上海	合肥
深圳	青岛	西安	重庆	沈阳

图1-2 20个抽样样本

（2）市场调研对象

抽样调研部分行业领域共200人次。本次调研的样本量不论规模大与小，对私营企业主都不做调研。因为企业主本身就是投资专家，他们投资企业并能盈利，本来就具有超常的眼光和能力。本次调研的对象重点就是通过各种途径能够积攒大量收入的敏感群体，如投资1万亿元左右的权力支配群体和业务受益群体。由于调研对象的敏感性,本部分资料为非公开资料。

(3) 目标客户资料调研方法

a. 主要通过确立与以上城市的各银行合作,通过所在地银行系统,梳理出高端客户群体的详细资料。

b. 确立与当地排名前三的中小学、幼儿园合作,通过学生家长资料获取目标客户群体资料。

c. 确立与当地贵族学校合作,获取家长相关资料。

d. 与国家教委留学人员管理司合作,获取当地留学人员家长相关资料。

e. 通过当地政府政务公开网获取相关人员信息。

(4) 调研内容

a. 这部分高收入群的平均资产规模(隐性资产不在调研范围之内。据经济学家测算,目前大陆地区1%的高端人群所拥有的隐性财富巨大。参考数据为国家外汇流入流出数据等)。

b. 目标人群目前的资产状况(实业投资、房产、保险、现金)。

c. 目标人群的现金余额。

d. 目标人群的投资兴趣(实业投资、房产、保险和现金存放)。

四、调研时间

调研时间为一个月(从合同签订之日2012年6月5日起至2012年7月4日止),在此期间提交完整的调研报告。

五、费用预算

略

学习反思 | 5个赞赏

首先,将团队与个人学习目标进行逐一对比,以清单列表或思维导图分解出已完成和未完成两部分;然后,用3～5个关键词描述自己团队在完成这项任务中未能解决的问题与所遇障碍;最后,对照最佳团队,归纳自己团队未完成部分的主要原因与对应责任,提交反思报告。

问题与障碍:

单元测验 | 5个赞赏（建议在40分钟内完成）

一、单项选择题

1. 在市场调研活动中市场调研目的是（　　）。
   A. 帮助企业正确决策　　　　　　B. 了解消费需求
   C. 掌握内部信息　　　　　　　　D. 掌握外部信息

2. 观察法是调研者到现场利用（　　）来搜集被调研者行为表现及有关市场信息资料的一种方法。
   A. 感官　　　　　　　　　　　　B. 仪器
   C. 录像机　　　　　　　　　　　D. 感官或仪器

3. 通过搜集各种历史和现实的动态统计资料，从中摘取与市场调研课题有关的资料的市场调研方法是（　　）。
   A. 文案调研法　　　　　　　　　B. 实地调研法
   C. 内部调研法　　　　　　　　　D. 外部调研法

4. 市场调研的实施阶段最主要的工作是（　　）。
   A. 调研主题的明确　　　　　　　B. 人员的培训与教育
   C. 调研经费的预算　　　　　　　D. 资料的收集

5. 观察法的局限性表现在（　　）。
   A. 可靠性低　　　　　　　　　　B. 适应性不强
   C. 明显受时空限制　　　　　　　D. 成本高

二、多项选择题

1. 对于一个调研方案的优劣，可以从以下几个方面去评价（　　）。
   A. 是否基本上体现了调研的目的和要求　　B. 是否科学、完整和适用
   C. 操作性是否强　　　　　　　　　　　　D. 是否正确

2. 市场调研方案的可行性判断方法一般有（　　）。
   A. 经验判断法　　　　　　　　　B. 逻辑分析法
   C. 信息检索法　　　　　　　　　D. 试点调研法

3. 下面哪种情况可以运用探索性的调研（　　）。
   A. 调研问题需要精确界定时　　　B. 市场调研项目进行到总结阶段时
   C. 需要设计替换的行动方案时　　D. 需要设计调研疑问或假设时

三、案例分析

重庆市居民住宅消费需求调研方案

一、调研目的

通过对重庆市部分居民的收入水平、住房现状、住宅消费与购房意向、存贷款观念等方面的实地调研，分析金融机构开展住宅储蓄及购房抵押贷款业务的市场需求与潜力，为市建行房地产信贷部在这两项业务上推出新举措提供客观可靠的依据。

二、调研内容

① 被调研者及其家庭的基本情况；

② 被调研者家庭的住房现状及改善意向；

③ 被调研者的储蓄观念；

④ 被调研者对住宅存、贷业务的看法；

⑤ 部分单位对其职员住房问题的计划。

三、调研对象及样本分布

(1) 对象

经与委托方磋商，拟以××市城近郊区的以下三类消费群为对象进行调研。

① 中高收入阶层。该阶层收入水平较高，购房倾向及可实现性相对较强，是开展住宅存、贷业务的主要对象，也是本次调研的重点。具体包括个体、私营业主、企业承包租赁者、出租车司机、经纪人、文艺工作者和三资企业高级雇员等。

② 普通工薪阶层。该阶层收入水平不高，目前尚不具有购买商品住房的能力。但这一阶层人数众多，对改善住房条件的要求亦很强烈，是发展住宅存、贷业务的潜在对象群。

③ 企事业单位。由于历史原因，我国各类职工的住房大部分由其所在单位解决。除自建房外，购房分给职工或租给职工已成为解决职工住房的一种现实有效的方式。另外，企业以商品房作为对其骨干业绩奖励的方式也日益盛行。企事业单位购房是直接现实的购买力，也是住宅存、贷业务的可靠客户。因此，选取部分有代表性的企业，向其负责人了解对职工住宅问题的看法和打算，对开展住宅存、贷业务无疑是有帮助的。

(2) 样本分布

根据××市建行房地产信贷部的意见及其他客观情况，拟将此次调研的样本量定位在420个。

参考近年来××市居民家计调研资料和其他有关调研结果，拟采用分类取样，并按如下数量分配调研样本：中高收入阶层100人（户），普通工薪阶层300人（户），企事业单位20家。

四、调研方法

中高收入层和普通工薪层采取分层、分区与随机抽样调研相结合的方式。企事业单位则采取分类与重点调研相结合的方式。

五、调研时间

201×年×月×日—201×年×月×日。

六、调研步骤及方法

(1) 方案设计

方案内容主要包括选定调研对象、确定样本抽取方法、设计调研问卷、组织实施步骤、确定采用方法及日程安排等。方案设计应务求系统、科学、可行。

(2) 调研问卷印制及试调研

为保证调研的顺利实施，提高调研质量，应于方案确定后和印制调研问卷期间在各类调研对象中抽取少量样本进行试调研。

通过调研、了解调研问卷质量，摸索针对具体调研对象的访问技巧等，为全面推开调研做好准备。

(3) 调研人员培训

组织有经验的调研员人对参与调研的人进行培训,包括解说问卷内容、分配调研对象、掌握访问技巧、明确工作进程及质量要求等,其中应特别强调调研质量。

(4) 正式调研

为提高效率、保证调研质量,本次调研采取多渠道、多方式的灵活调研方法。除按常规的入户调研及当街访问外,还可选择一些重点调研点,如三资企业、演艺团体、出租车停车点、高级公寓、冷饮店、邮局、银行等地点,进行调研,以提高调研针对性。此外,在不导致结果发生偏态的前提下,亦可选择部分熟识的对象进行访问,以提高调研结果的真实度。

为确保调研质量,要求调研人员现场指导填表,杜绝散发回收式调研。对所填问卷及时回收、仔细审查,对不合格问卷(包括填写方式不对或逻辑关系不正确等)应予以剔除。同时,设置问卷审核员,做好每天回收问卷,并详细询问调研人员的工作,如发现问题及时解决。

该阶段的工作量较大,是决定调研质量的关键,务必妥善组织,加强监督。

经审查合格的问卷,要及时编码,为下一步的录入、计算、分析工作做准备。

七、数据处理及简要分析

对合格的问卷进行录入、计算,得出可供分析使用的初步计算结果,进而对所得结果作出准确描述及初步分析,为进一步的分析提供依据。实施时需应用有关统计分析软件及编制简单的计算程序。该阶段的工作虽在室内进行,不可控因素相对较少,但智力含量高、技术性强,须予以重视。

八、调研报告

将本次调研的实施情况、调研结果及初步分析结果形成文字材料向委托方进行汇报。

请仔细阅读重庆市居民住宅消费需求调研方案,回答以下问题:

(1) 该调研方案是一份合格的市场调研方案吗?为什么?

(2) 试分析该调研方案的优缺点。

Ⅶ 拓展学习｜5个赞赏

(1) 在线访问清华社会学论坛、中国社会调查网、人民调查-社会-人民网、湖南社会调查网、中国劳动力市场网等。

(2) 阅读《市场调研宝典:客户真识》(由墨林·斯通等著,汪开虎等译,上海交通大学出版社出版)。

(3) 策划"在校大学生月消费水平现状"或"保险与生活"的调研方案,或自拟主题,设计一份完整的调研方案。

Ⅷ 下一个工作任务｜5个赞赏

预习"项目工作任务2制订调研问卷",使用"雨课堂"预习老师推送的教学资料,与自己所在的调研团队成员交流探讨如何开展新的行动任务。

以下的二维码和邀请码是雨课堂开课老师课前推送的二维码和邀请码,是进行智能考勤的有效路径。二维码和邀请码的有效时间为10分钟,本书分享的二维码只是图例和模板。实际应用中,老师可实时生成新的二维码和邀请码。

项目任务 2　制订调研问卷

任务单

在"大众化教育"取代"精英教育",不断扩招的十年来,高校毕业生人数由 1999 年的近 90 万人增长到 2011 年的近 671 万人,其中高职生已占半数以上。但在 700 余所高职院校中,毕业生就业率仅为 50.1%。高职院校本是专业技能人才的孵化器,但是是什么原因导致其毕业生只有一半的就业率呢?如果就业的增长率长期大幅低于高职教育规模的增长率,那么高职毕业生今后就业难的显性问题将会反过来掣肘高职教育的发展。

与"就业难"形成鲜明对比的是中小企业"用工荒"。"用工荒"与"就业难"能如此矛盾地存在,说明需求与供给之间存在明显的鸿沟。为了摸清中小企业的用人需求、用人标准以及企业工作岗位所需的知识能力结构,调研公司及相关院校正在计划调研中小企业对高职应届毕业生的人才需求现状,以期在企业和学校之间真正能够架起一座桥梁,使"用工荒"与"就业难"的天堑变通途。

任务:作为公司市场调研部的策划员,经过上一个任务的学习,你已经清楚调研背景及目的和内容。你当前的任务是设计"中小企业对高职应届毕业生的人才需求现状"的调研问卷。

Ⅰ 真实任务练习

任务解析 | 5个赞赏

教师分析任务需求：
确定的调研团队；
调研人员的知识和技能及经验；
调研对象的背景资料及用人需求；

教师提出任务要求：
学习者自由组合为5~8人的调研团队，网上收集二手资料，查找调研问卷的结构、制订原则及注意事项。

点击进入8~10家中小企业的官方网站，了解该企业成立的背景及经营理念。在线咨询不同阶层的中层企业领导50位，了解企业用人标准及企业对高职毕业生的评价。

在调研主题和内容确立的基础上，将调研内容细化为具体调研细目，运用调研问卷的基本知识设计出"中小企业对高职应届毕业生的人才需求现状"的调研问卷。电话预约3~5位中小企业的人事主管或行企业专家，咨询胜任该企业岗位所需的知识及能力要求并现场征求已制订好的调研问卷的修改建议。

调研团队对任务单中问题的理解：

根据团队表现对其进行等级评价： ＋赞 ☆☆☆☆☆   分享/转发 ☆☆☆☆☆

教师对任务单中问题的理解：

在市场调研中，调研问卷设计是关键步骤，设计者需要从调研对象的回答中得到想要的内容。不是每一个问题的提问都采用开门见山的方式，有些我们想提的问题可能不便，甚至不能直接询问，这时需要旁敲侧击。调研问卷作为实现调研目的和收集数据的必要手段，在设计时要求很严格。调研问卷制订的工作流程如下：

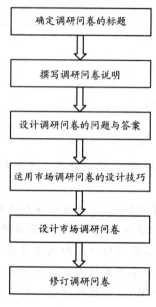

拟定学习目标 ｜ 5 个赞赏

课程学习目标：

通过课程学习掌握项目调研的问题及内容，理解调研问卷设计所需的理论知识点，能够围绕调研主题确定调研细目，能够合理架构调研问卷的结构、科学设计出调研问卷的问题与答案。运用调研问卷的设计技巧，按照设计程序，设计出一份优秀的市场调研问卷。课程的学习结果是围绕调研主题与内容设计一份合格的调研问卷（以电子文档体现，用 Word 书写）。

个人学习目标：

编制团队工作(学习)计划 | 5个赞赏

月　日－　月　日，　年

27 周日	28 周一	29 周二	30 周三	31 周四	1 周五	2 周六

27 周日	28 周一	29 周二	30 周三	31 周四	1 周五	2 周六

Ⅱ 智慧教学

(1) 点击"进入班级",进行教学管理。

(2) 发送邀请码,邀请学生。

Ⅲ 破冰游戏

每10人结成一个小组。教师为每个小组分发一副扑克牌,要求每个小组在10分钟之内将纸牌堆叠到最高。注意每个小组可以在规定时间内进行多次堆叠,各组以最高成绩为准进行评比。教师可以安排两位记录员为每组的堆叠成绩进行记录。排在倒数第一的小组须谈谈对本部分课程任务单中问题的理解。

Ⅳ 知识技能学习

1. 确定调研问卷的标题

每份调研问卷都有一个标题,用来凸显调研主题及内容。例如,"2018 中国互联网发展状况及趋势调研"这个标题十分鲜明地反映出调研对象和调研中心内容。调研问卷标题通常应包括时间、区域、范围、内容等要素。例如,对于"2019 年××省机关档案室与文件中心有关情况调研问卷",其对应的时间为 2019 年;区域为××省;范围为机关;内容为档案室与文件中心有关情况。

【动起来】

试根据工作任务中"中小企业对高职应届毕业生的人才需求现状"的调研背景,拟定该项目调研问卷的标题,并完成表 2-1。

表 2-1 拟定调研问卷标题

时间	区域	范围	内容
调研问卷标题			

拟定标题时要力求简练、精确、醒目。不能烦琐绕口,让读者不知所云;也不能过于简单,随便使用缩略语,以免让读者引起误解;更不能题不对文,标题与调研内容不对应。

学习笔记/评论

学习本知识技能点后,对其等级评价: ＋赞 ☆☆☆☆☆　　　　分享/转发 ☆☆☆☆☆

---

2. 撰写调研问卷的问卷说明

调研问卷的开始部分应有一个简要的情况说明,主要是介绍调研的目的、要求,调研的组织单位、答题方法、保密措施等。其目的是使受访者对调研给予支持和配合。其篇幅宜小不宜大,一般最长不超过两三百字。

【例 1】"首山学区留学市场调研"问卷说明如下:

亲爱的同学:

您好! AA 出国留学服务中心为了了解大学生的出国留学意向,特进行这次问卷调研,请您提供宝贵的意见,它将帮助我们以后为您和您的亲友更好地提供服务,请您在您认为合适的答案的标号上打"√",您所提供的情况,我们将严格保密,谢谢您的合作。

【例2】"重庆电子工程职业学院学生图书馆使用情况调研"问卷说明如下：

亲爱的同学：

您好！我们是19级电子商务专业大二学生，为了了解大家对我院图书馆的使用情况，我们特邀您参加此项调研，您宝贵的意见和建议将成为我们学习资源建设的重要参考材料。本次调研采取随机抽查不记名的方式，我们对您的回答将予以保密，期待能收到您填写完整的问卷，谢谢！

【动起来】

请以例1、例2的问卷说明为模板，试着设计出任务单中"中小企业对高职应届毕业生的人才需求现状"的问卷说明，填写在表2-2中。

表2-2 "中小企业对高职应届毕业生的人才需求现状"的问卷说明

根据例1、例2及表2-2的问卷说明，审阅问卷说明中是否说明了调研者身份，所写的调研目的是否合理，调研内容和范围是否明确，并将3份问卷说明的调研单位、调研目的、调研内容及调研范围填写在表2-3中。

表2-3 问卷说明涉及的内容

调研问卷标题	调研单位	调研目的	调研内容	调研范围
首山学区留学市场调研				
重庆电子工程职业学院学生图书馆使用情况调研				
××地区中小企业对高职应届毕业生的人才需求现状				

学习笔记/评论

学习本知识技能点后，对其等级评价： ╋赞 ☆☆☆☆☆　　　　分享/转发 ☆☆☆☆☆

3. 设计调研问卷的问题与答案

(1) 设计调研问卷的问题

设计问题时,应该注意围绕调研目的。切忌问一些无关调研目的的问题,以免让被调研者反感。问题的描述应该清楚、明了,尽量避免晦涩的术语。从问题的内容和形式来看,调研问卷问题有多种提问方式,问题类型如图2-1所示。

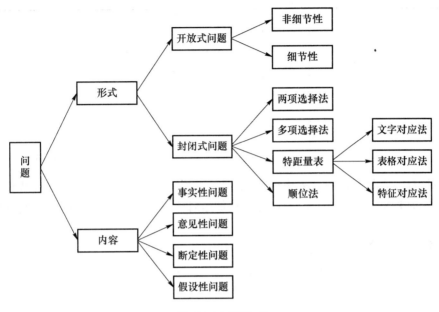

图2-1 问题类型

1) 从问题的形式上可分为开放式问题、封闭式问题。

开放式问题不提供答案。在经常进行的深度访谈中,习惯用自由回答法这种开放式提问来进行调研,就是调研人员提出问题,不准备答案,由被调研者根据问题用文字或口头的形式自由表达。

【例3】 "您的建议是?""请问您对××产品满意吗?为什么?""您认为该产品需要在哪些方面加以改进?"。

封闭式问题是事先准备好答案,让被调研者从中进行选择回答。常用的有两项选择法、多项选择法、特距量表法、顺位法四种。

① 两项选择法:它是给被调研者提供两个相反的答案让其从中选择一个答案来回答。

【例4】 请问您在最近半年内买过新科VCD吗?_____

买过……………1   没买过………………2

② 多项选择法:它是给被调研提供多个答案,让其从中选择一个或多个答案来回答。

【例5】 请问选择VCD时的主要考虑因素是_____(限选三项)?

价格…………1   质量…………2   功能…………3
服务…………4   品牌…………5   安全…………6

③ 特距量表法:常用的有文字对应法、表格对应法、特征对应法。

文字对应法:将消费者对事物的喜好用文字表达出来,让被调研者选择。

【例6】 请问您喜欢收看中央一套的"新闻联播"节目吗?_____

非常喜欢…………1　　比较喜欢…………2　　一般…………3
不太喜欢…………4　　很不喜欢…………5

表格对应法：将每一道题用相应的分数代表，汇总时将产品每个特征对应的分数统计出来，就可知道消费者对产品相关特征的认可程度。

【例7】 与您认为最好的啤酒相比，您认为××啤酒（在您同意的程度上划"√"）

	理想	较理想	一般	不太理想	不理想
口味	5	4	3	2	1
泡沫	5	4	3	2	1
清纯	5	4	3	2	1
包装	5	4	3	2	1
价格	5	4	3	2	1
购买方便	5	4	3	2	1

特征对应法：它是利用一种表格形式，常用于更精确地对消费者的心理感受程度进行衡量的时候，汇总时将每一个特征对应的评分值相加然后计算出它们的平均值，就可得到特征对应的差异结果。

【例8】 口味测验的特征对应评分表如下所示：

```
    3   2   1   0   1   2   3
粘的 ┌───┬───┬───┬───┬───┬───┐ 不粘
清淡 ├───┼───┼───┼───┼───┼───┤ 浓烈
粗   ├───┼───┼───┼───┼───┼───┤ 细
新鲜 ├───┼───┼───┼───┼───┼───┤ 走味
酥脆 ├───┼───┼───┼───┼───┼───┤ 坚硬
稀   ├───┼───┼───┼───┼───┼───┤ 稠
干硬 └───┴───┴───┴───┴───┴───┘ 松软
```

④ 顺位法：调研人员为一个问题准备若干个答案，让被调研者根据自己的偏好程度定出先后顺序。统计时将每一商品所得进行平均，就得出其在消费者心中的印象。

【例9】 请您按照您喜欢的程度对以下牌号的洗发精进行排列，最喜欢的为1，依次类推。
　　华姿　飘柔　力士　沙宣　蜂花　飘逸　奥丽斯　诗芬

开放式问题与封闭式问题相比，各有优缺点，如表2-4所示。

表2-4　开放式问题与封闭式问题的优缺点

	开放式问题	封闭式问题
优点	可充分地表达自己的看法和理由	分析答案比较容易 易作答，利于提高调研问卷回收率 问题的含义比较清楚
缺点	被调研者可能存在偏见 资料整理与分析有困难	当被调研者对题目理解不正确时，难以觉察出来 可能产生"顺序偏差"或"位置偏差"

2) 从问题的内容上可分为事实性问题、意见性问题、断定性问题、假设性问题。

① 事实性问题：主要是要求被调研者回答一些有关事实的问题。市场调研中，许多问题属事实性问题。

【例10】 你通常什么时候看电视？

【例11】 被访问者个人的资料：职业、收入、家庭状况、居住环境、教育程度等。

② 意见性问题：是指在调研问卷中会询问被调研者一些有关意见或态度的问题，这类问题属于意见性问题，也是态度调研问题。

【例12】 你是否喜欢××电视节目？

③ 断定性问题：在问卷中有些问题是先假定被调研者已有某种态度或行为。

【例13】 你每天抽多少支香烟？（事实上该被调研者极可能根本不抽烟，这种问题则为断定性问题。）

④ 假设性问题：指先假定一种情况，然后询问被调研者在该种情况下，他会采取什么行动。

【例14】 如果××晚报涨价至2元，你是否将改看另一种未涨价的晚报？

【例15】 你是否愿意加薪？

【例16】 你是否赞成公共汽车公司改善服务？

【动起来】

请仔细阅读前文关于事实性问题、意见性问题、断定性问题、假设性问题的例子，理解事实性问题、意见性问题、断定性问题、假设性问题的内涵，根据任务单中"中小企业对高职应届毕业生的人才需求现状"的调研背景及目的，尝试设计事实性问题、意见性问题、断定性问题、假设性问题（各1~2个问题），并填在表2-5中。

表2-5 "中小企业对高职应届毕业生的人才需求现状"调研问题类型设计

问题类型	问题题干内容	答案选项（双项、多项均可）
事实性问题	1.	
	2.	
意见性问题	1.	
	2.	
断定性问题	1.	
	2.	
假设性问题	1.	
	2.	

学习笔记/评论

学习本知识技能点后，对其等级评价： ＋赞 ☆☆☆☆☆   分享/转发 ☆☆☆☆☆

(2) 设计问题的答案

设计问题答案时,首先,要与访问的问题紧密相关,答案与选项之间应具有同层关系且相互排斥;其次,答案选项应穷尽一切可能的答案,不能穷尽所有答案时,可以使用"其他_____"表示。此外,问卷答案的设计应是被调研者可能选择且愿意选择的。简而言之,问题答案的设计应符合相关性、同层性、完整性、互斥性、可能性等原则。

【例17】 您喜欢哪种风格的界面?

　A. 完全定制化的,即可以决定所有命令(菜单项或工具栏按钮)出现与否和出现在哪里。
　B. 部分定制的,即可以决定命令的位置,但不能隐藏它们。
　C. 不可定制的,即所有命令都有自己固定的位置,无法改变。

答案选项分析:

只看这三个选项的前半句的话,"完全定制""部分定制"和"不可定制"很准确地穷尽了一切可能的答案。然而,我们仔细研究每个选项的后半句话的解释。从这三个解释里我们不难发现,这个问题的选项中"定制"一词是包括了两重含义的:显示的位置和是否显示。因此,这两重定制就会产生四种组合,而不是现在答案里设计中的三种。这个问题的疏忽之处就是在部分定制这一项上。

4. 运用市场调研问卷的设计技巧

(1) 问卷说明设计技巧

问卷说明需要精心琢磨措辞,语气亲切,态度诚恳,使被访者自愿配合该项目的调研。

【动起来】

请根据问卷说明的设计技巧,试着修改"中小企业对高职应届毕业生的人才需求现状"的问卷说明,并将修改好的问卷说明填写在下面的横线上。

"中小企业对高职应届毕业生的人才需求现状"的问卷说明

_____

_____

_____

_____

_____

学习笔记/评论

学习本知识技能点后,对其等级评价:　＋赞 ☆☆☆☆☆　　　　　分享/转发 ☆☆☆☆☆

(2) 问题的语言与措辞技巧

无论是开放式问卷还是封闭式问卷,问题的设计尤其是措辞十分重要。问卷问题的语言与措辞要求浅显易懂,避免诱导、暗示的陈述。问题的措辞不仅应遵循具体性、单一性、通俗性、准确性、简明性、客观性及非否定性原则,还应做到5个应该:

① 问题应该立足单一论题;

② 问题应该简短;

③ 问题应该以同样的方式解释给所有的受访者;

④ 问题应该使用被调研者的常用语;

⑤ 若可能,问题应该使用只有主语和谓语的简单句。

【动起来】

请判断下面这些问题设置的好坏,并说明你判断的原因,如何修改?

① 一个民族的传统道德总会改变,您认为这些年在中国的这种情况是?

② 您所在城市属于什么类型?

③ 您对单位近年来情况的感受是?

___

学习笔记/评论

学习本知识技能点后,对其等级评价: ＋赞 ☆☆☆☆☆　　　　分享/转发 ☆☆☆☆☆

(3) 问题的排序技巧

容易回答的问题放前面;较难回答的问题放稍后面;敏感性问题放后面;个人资料的事实性问题放卷尾。封闭式问题放前面;自由式问题放后面。此外,要注意问题的逻辑顺序,按时间顺序、类别顺序等合理排列。

【例18】 有关巧克力糖的市场调研,其问题的安排如下:

① 请问您对吃巧克力糖的看法是怎样的?

② 请问您让您的小孩吃巧克力糖吗?

③ 请问您经常买巧克力糖吗?

④ 请问您认为吃巧克力糖有什么害处吗?

⑤ 有人说吃巧克力糖对牙齿有损害,但也有人说并无影响,您怎么看?

【动起来】

下面请根据问题排序技巧,试着将"中小企业对高职应届毕业生的人才需求现状"已经设计出的问题进行合理排序。

学习笔记/评论

学习本知识技能点后,对其等级评价: ＋赞 ☆☆☆☆☆   分享/转发 ☆☆☆☆☆

5. 设计市场调研问卷

一份完整的调研问卷应包括三部分:开头、正文、结尾。开头也称开场白或说明词,主要介绍调研的目的意义等。正文是调研问卷的主体部分,包括所要调研的问题和答案。结尾主要是调研人员对被调研者真诚合作表达谢意以及调研人员与被调研者的相关背景信息等。调研问卷设计程序如图 2-2 所示。

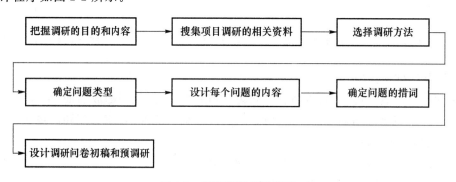

图 2-2　调研问卷设计程序

(1) 把握调研的目的和内容

调研问卷设计的第一步就是要弄清调研的目的和内容。各调研小组着手设计问卷时,首要的工作是认真讨论调研的目的和内容,将需要调研的内容及问题具体化、条理化和操作化,变成一个个准确的调研细目。

(2) 搜集项目调研的相关资料

问卷设计不能凭空想象,要把问卷设计完善,调研人员需要收集项目相关的原始资料和二手资料,为问卷设计提供丰富的素材,同时加深对调研问题的认识。在搜集资料时,可以对个别被调研者进行线上和线下访问,了解被调研者的经历、习惯、文化背景;也可以查阅期刊、杂志来丰富问卷设计的相关知识。

(3) 选择调研方法

不同类型的调研方法会影响问卷的设计风格。例如,面访时,被调研者可以看见问题,与调研人员面对面地交谈,设计的问题可以为较长的、复杂的问题。但在电话访问时,被调研者看不到问卷,设计的问题最好为简短的问题。网络市场调研的问卷可以设计为较复杂的跳答或随机化的问题。

(4) 确定问题类型

在动手设计问卷之前,需要先决定是使用封闭性问题还是开放性问题,是设计提供答案的问题还是设计不提供答案的问题,或是开放式问题和封闭式问题混合使用。

【例19】 请问您的日常交通工具是(　　)。
A. 私车　　B. 单位配车　　C. 出租车　　D. 公交车　　E. 其他_____(请注明)

【例20】 "您认为高职应届毕业生岗位适应能力如何?"_____

(5) 设计每个问题的内容

选定了问题类型后,下一步就是编写每个问题的内容:每个问题应包括什么;由此设计的问卷应该问什么,是否必要、全面、切中要害。针对每个问题,问卷制订者应反复问自己:这个问题有必要吗?对本项目所需的信息有贡献吗?如果从这个问题得不到满意的数据,那么这个问题就取消。

(6) 确定问题的措辞

问题的措辞是设计问卷的关键,同时也是最困难的任务。如果一个问题的措辞很费解,被调研者可能会拒绝回答或者回答错误。因此在决定问题措辞时,避免或尽量少涉及含义不确切的词,如"很久""经常""一些"等;避免提笼统抽象、不确切的问题或一问多答的问题。每一问题均有明确的目的,要做到文字简洁、语句流畅。

【动起来】

以下问卷措辞有缺陷,请进行修改完善,并填写在横线上。

1. "您是否经常生病?"修改:_____
2. "您在哪儿出生?"修改:_____
3. "您的父母是知识分子吗?"修改:_____

参考答案:

1. "您上月生了几次病?"或者"最近半年内您生了几次病?"。
2. "您在哪个地方出生?"(请注明省、市或区县。)
3. "您的父亲的文化程度是?""您的母亲的文化程度是?"

学习笔记/评论

学习本知识技能点后,对其等级评价: ＋赞 ☆☆☆☆☆　　　　　分享/转发 ☆☆☆☆☆

(7) 设计调研问卷初稿和预调研

调研问卷设计到这一步,只需将前面分项工作按照一定的顺序进行编排,形成调研问卷初稿。为了识别并消除问卷中可能存在的问题,可以对一个小样本的被调研者进行问卷预调研。问卷的所有方面都应该经过预调研来测试问题的内容、措辞、顺序、形式和布局、难度及指示说明是否合适,预调研应该在与实际调研尽可能相似的环境和背景中进行。

6. 修订调研问卷

调研问卷的初稿设计好后,首先,调研问卷设计人员应反复审读,仔细思考调研问卷中的每一个问题是否必要,调研问卷的篇幅是否太长,调研问卷是否包括了调研目的所需的信息,调研问题的设计是否便于分析统计,调研问卷说明是否用了明显字体,开放式问题是否留足了空间,封闭式问题的答案选项是否有遗漏;然后,寻找调研问卷中存在的错误、不连贯的地方等,将不恰当的地方进行修改、完善;最后,通过寻求行业专家的修改意见,结合预调研的情况,修订成调研问卷的最终版。

学习笔记/评论

学习本知识技能点后,对其等级评价: ＋赞 ☆☆☆☆☆　　　　　分享/转发 ☆☆☆☆☆

Ⅴ 实 战 演 练

1. 操作步骤

第一步:教师下达任务单,介绍完成任务的目的和要求,强调调研问卷设计的实践应用价值,调动学生动手设计的积极性,同时介绍市场调研问卷的基本结构、设计程序与设计技巧。

第二步:组建调研团队。教师将教学班的学生按每小组 5～8 人的标准划分成若干项目小组,每个小组指定或推选一名组长。

第三步:学生阅读市场调研问卷的范例(见范例 2-1 和 2-2),将其作为操作指南。

第四步:学生查找与任务场景相关的资料。例如,点击进入 8～10 家中小企业的官方网站,了解该企业成立的背景、经营理念、用人需求及招聘计划。在线咨询或实地拜访不同阶层的中层企业领导50位,围绕调研背景及调研目的细化"中小企业对高职应届毕业生的人才需求现状"的调研内容。

第五步:学生设计市场调研问卷。各项目小组的每位成员结合任务单的任务背景描述及调研目的和要求,运用市场调研技术,根据调研计划安排、问卷设计程序和要求,以及所掌握的关于企业用人需求和标准的第一手资料,设计一份关于"中小企业对高职应届毕业生的人才需求现状"市场调研问卷的初稿。调研问卷设计三部曲:

- 围绕调研目的和调研内容设计问卷的问题与答案;
- 进行预调研,查找问卷中可能存在的问题;
- 进行问卷的排版、修改和审核。

第六步:学生修订市场调研问卷。各项目小组汇总个人设计的市场调研问卷初稿,小组讨论,设计出项目小组的市场调研问卷,并通过咨询专家修改成最终稿。

第七步:教师集中安排各项目组向全班报告(PPT口头报告)。首先,各项目小组推荐发言人或组长代表本小组,借助PPT展示本团队成果,说明不足之处,接受其他团队的质询;然后,教师最后点评、总结;最后,全班匿名投票,评选出优胜团队,给予表扬与奖励。

2. 注意事项

(1) 教师注意要事先将教学班的学生按照自由组合或按寝室编号分成不同的项目小组,并确定组长,让学生以小集体的形式共同完成市场调研问卷设计的任务。各项目小组要充分发挥团队的力量。

(2) 要求每个学生根据调研问卷的设计程序及要求,将所要调研的内容设计为不少于8项问题的问卷,并能准确地获取调研所需的直接和间接资料。

(3) 汇总个人设计的市场调研问卷初稿,拟定好小组调研问卷后,在正式调研前,还应通过模拟和预调研及咨询专家对问卷进行适当的修改。同时也要注意问卷的版面设计,避免出现错别字、字体不统一、字的大小不等问题。

(4) 调研问卷的问句要有亲切感,避免语言及语气生硬,影响调研效果。

【例21】 请问您没有购买音响的原因是_____

买不起……1　　式样不好……2　　住房拥挤……3　　不会使用……4

这种提问方式语气生硬,易引起反感,可以改成:

请问您没有购买音响的原因是_____

用处不大……1　　　　价格不满意……2　　　　准备买……3

式样不合适……4　　　住房不允许……5

(5) 调研问卷要简短,一般而言,答题时间不应超过15分钟,以免因时间过长而引起被调研者的厌烦,以至因时间过长而敷衍了事,影响调研的效果。

3. 效果评价

根据学生上课出勤、课堂讨论发言、调研问卷设计、文字写作水平及PPT口头报告情况等进行评定。首先,各项目组组长对组内各成员进行成绩评定(优秀、良好、中等及格、不及格),并填写表2-6;然后,教师对小组提交的市场调研问卷和口头报告PPT进行点评;最后,教师综合评出各小组成绩,并按照以下公式进行加权计算,给出个人最终成绩且填写表2-7。

个人最终成绩=组长评定成绩×30%+教师评定成绩×70%

表 2-6 组长评定组内成员成绩表

项目小组成员姓名	小组成员成绩/分					备注
	优秀（90以上）	良好（80~90）	中等（80~90）	及格（80~90）	不及格（60以下）	

表 2-7 教师评定调研问卷设计及 PPT 口头报告成绩表

评价指标	分值/分	评分/分	备注
调研问卷准时完成	10		
完成调研问卷项目规定的数量	10		
调研问卷设计的完整性与科学性	25		
PPT 制作水平	10		
口头汇报效果	10		
调研问卷设计符合规划要求	35		
调研问卷的总体评价	100		

Ⅵ 分享与反思

分享 | 5 个赞赏

范例 2-1 西部企业和谐劳动关系研究调研问卷

尊敬的女士/先生：

您好！

我是国家社会科学课题组的调研人员。为准确把握企业劳动关系状况，探索有效的人力资源和薪酬体系，提升企业普通劳动者的公平感，实现企业与劳动者的共同发展，我们正在进行一项有关西部企业和谐劳动关系研究的调研(问卷以不记名的方式进行)。请您根据实际情况，选择出您认为合适的答案。本问卷的资料仅在研究中使用，您的意见对我们改进工作有很大帮助，希望能得到您的支持，感谢您的参与！

1. 性别：

　　□ 男　　　　　　　　　　　　□ 女

2. 出生年份：_____

3. 婚姻状况：

☐ 已婚/离异　　　　　　　　　　☐ 单身

4. 您家里有_____个 10 岁以下的小孩。

5. 您在学校读书的时间为_____年。

6. 您最高学历是：
☐ 高中/中专　　☐ 大专　　☐ 本科　　☐ 研究生及以上

7. 毕业后的工作年限是_____年。

8. 您在目前的单位工作了_____年。

9. 您所在单位的性质：
☐ 国有企业或国有控股企业　　☐ 集体企业　　☐ 私(民)营企业
☐ 股份制企业　　　　　　　　☐ 有限责任公司

10. 您所在单位规模是：
☐ 20 人以下　　☐ 20~50 人　　☐ 50~100 人　　☐ 100~200 人
☐ 200 人以上

11. 您所从事的岗位是：
☐ 专业技术岗　　　　　　　　☐ 非专业技术岗

12. 您是否有曾经离开你目前所工作的单位超过 6 个月的经历？
☐ 是　　　　　　　　　　　　☐ 否

13. 如果您第 12 题回答为"是"，请陈述原因及离开时间(多选)。
☐ 学习_____月
☐ 照顾婴儿_____月
☐ 病假_____月
☐ 为其他单位工作_____月
☐ 其他_____月

14. 根据合同您每周工作大约_____小时。

15. 上个星期您工作了大约_____小时。

16. 您的税前月收入是_____元人民币。

17. 您在目前单位的现有工作岗位上工作了_____年。

18. 自从在目前的单位工作以来，除了目前的工作岗位，您还从事了其他_____个工作岗位。

19. 在目前单位您晋升了_____次。(第一个工作岗位不算晋升。)

20. 鉴于您目前的工作岗位，您认为自己在本单位是否有晋升的机会？
☐ 是　　　　☐ 否　　　　☐ 不知道

21. 您对在本单位获得晋升是否感兴趣？
☐ 是　　　　☐ 否　　　　☐ 不知道

22. 如果您知道每周加班 5 小时会给您带来晋升机会，您会这样做吗？
☐ 是　　　　☐ 否　　　　☐ 不知道

23. 在过去的 12 个月的工作期间，您是否接受过教育或培训？
☐ 是　　　　☐ 否

24. 如果您接受过此教育或培训，是_____个工作日。

25. 您曾经为了找到一份更好的工作搬过家吗？

☐ 是 ☐ 否

26．您曾经因为您配偶找到一份更好的工作而搬家吗？
☐ 是 ☐ 否

27．接受教育培训后，您：(如果23题回答"否"，则跳过本题)
☐ 找到更好的工作 ☐ 找到更差的工作 ☐ 找不到工作

　　　　谢谢您的配合与支持！您提供的资料，我们决不对外公开！

国家社会科学课题组

2018年5月

问卷编号：_____　　调研时间：_____
调研人员编号：_____　　调研人员姓名：_____
调研人员对回答的评价：_____　（A. 可信　B. 基本可信　C. 不可信）
督导姓名：_____　　复核时间：_____
复核意见：_____　　（A. 合格　B. 基本合格　C. 不合格）

范例2-2　国泰君安明星价值股票集合资产管理计划客户调研表

尊敬的客户：

　　首先感谢您基于对国泰君安证券股份有限公司的信任，参与国泰君安明星价值股票集合资产管理计划并签署国泰君安明星价值股票集合资产管理合同及相关文件，根据中国证监会2018年7月1日起施行的《证券公司集合资产管理业务实施细则(试行)》第十七条规定："证券公司、代理推广机构应当按照有关规则，了解客户身份、财产和收入状况、证券投资经验、风险承受能力和投资偏好等，并以书面或者电子方式予以详细记载，妥善保存，代理推广机构应当将其保存的客户信息和资料向证券公司提供。客户应当如实披露或者提供相关信息与资料，并在集合资产管理合同中承诺信息和资料的真实性。"鉴于此，敬请您认真对待以下内容，并予以真实、准确填写。

　　填写人承诺：本人在本调研表上所填写的资料真实、准确。

　　填写人：为自然人或者机构客户授权代理人。

一、基本信息

自然人客户

姓　　　名：_____　　性　　　别：_____
联 系 地 址：_____　　联 系 电 话：_____
身份证号码：_____　　职　　　业：_____
财务状况：☐1 000万元以上　☐500万元～1 000万元　☐100万元～500万元
年收入额：☐100万元以上　☐10万元～100万元　☐10万元以下
委托资产来源：
☐工资性收入　　☐接受捐赠　　☐继承遗产　　☐投资收益
☐其他收入来源(需注明)：_____

机构客户

客户名称：_____　　营业执照号：_____

经营范围:＿＿＿＿＿＿＿＿ 税务登记证号:＿＿＿＿＿＿＿＿
法人代表:＿＿＿＿＿＿＿＿ 身 份 证 号:＿＿＿＿＿＿＿＿
联系地址:＿＿＿＿＿＿＿＿ 联 系 电 话:＿＿＿＿＿＿＿＿
净资产额:□5亿元以上 □1亿～5亿元 □5 000万元～1亿元 □5 000万元以下
年营业收入:□亿元以上 □5 000万元～1亿元 □1 000万元～5 000万元以下 □1 000万元以下。

委托资产来源
□机构自身财产 □机构募集的资金(需出示证明文件) □其他收入来源(需注明)＿＿＿＿＿

二、风险承受能力及投资偏好
• 亲爱的投资者您好,以下的风险承受能力调研问卷能够帮助您了解自己的风险承受能力。
• 您可以根据自己的风险承受能力,选择与自己风险承受能力相匹配的资产管理业务。
• 建议您每隔一段时间就做一遍,因为您对风险的理解不一样,对风险的承受能力也就不一样了。

1. 如果您听到"风险"这个词,您首先想到的是什么?
A. 规避　　　　　B. 损失　　　　　C. 机会与损失皆有可能　　　D. 机会
2. 风险和受益是相匹配的,您会:
A. 不愿承担风险,只要保证金。
B. 可承担少量风险,保证本金基本安全的情况下获取高于银行存款的受益。
C. 在风险可接受范围内,获取较高收益。
D. 只要收益高,基本不考虑风险。
3. 您投资的主要目的是:
A. 我希望我的资产不会减值。
B. 我希望得到一个稳定的增值,即使这是比较低的回报。
C. 我希望在长期回报最大化和波动最小化之间平衡。
D. 我希望得到最高的长期回报,即使我不得不忍受一些非常巨大的短期损失。
4. 您的投资期限是:
A. 半年以下　　　B. 1～2年　　　C. 3～5年　　　D. 5年以上
5. 您的投资经验如何?
A. 我没有投资经验,我的钱主要是存在银行。
B. 我有一点投资经验,会去银行咨询一些理财产品或者债券产品。
C. 我经常关注投资事宜,买了一些股票和基金等理财产品。
D. 我的大部分钱都买了股票和基金等理财产品,每个月都只留一点点生活费。
6. 您现在的投资占您可以投资(不包括房地产)的比例是:
A. 少于25%　　　　　　　　　　　B. 介于25%～50%之间
C. 介于50%～75%之间　　　　　　D. 大于75%
7. 若您拥有一些证券公司集合理财产品,当指数在短期内大跌10%,您会:
A. 会赎回所有集合理财产品份额。
B. 会赎回部分集合理财份额并等待大盘回暖。

C. 会密切留意市场的走势,但不会马上行动。
D. 趁低价再行申购。
8. 如果一项投资的长期受益如下,您会选择:
A. 平均3%,最好8%,最坏-2% B. 平均8%,最好18%,最坏-5%
C. 平均12%,最好33%,最坏-18% D. 平均20%,最好50%,最坏-30%
9. 您对国泰君安集合理财产品了解吗?
A. 不了解 B. 了解一些
C. 非常了解 D. 不只非常了解,而且还购买了一些

得分说明:

A选项为1分,B选项为2分,C选项为3分,D选项为4分。

9~13分,保守型。该类型投资者比较谨慎,希望能够尽量回避风险,并且在保证本金安全的基础上能有一些增值收入。在充分掌握信息的基础上,该类型的投资者会主动投资,但一般情况下更愿意将资金投资于证券公司中比较稳健的集合理财产品。

14~26分,稳健型。该类型的投资者清楚自己的风险收益,对投资风险有一定了解,愿意在承担一定风险的基础上获得较高的收益,希望收益能够长期稳步增长。所以,该类型投资者长期将资金投入稳健性的证券公司集合理财产品,小部分资金投入风险较高的集合理财产品。

27~36分,积极型。该部分投资者不排斥冒险,并希望能够获得资金的长期增值,接受收益的正常波动,常常会为提高收益而主动投资,并且愿意为此承受较大风险。

您的得分是_____,您属于_____类型的投资者。

通过以上风险承受能力调研,我已经了解自己的风险投资偏好,也了解所购买的理财产品属于(□高风险　□中风险　□低风险)的产品。本人已经详细阅读了该产品风险警示书、资产管理合同及投资说明书。在已经充分知晓了本计划的风险之后,本人仍坚持参与并愿意承担本计划的风险。请签字或者盖章确认。

客户:

签字或者盖章

签署日期:

(注:自然人客户请签字;机构客户请加盖公章并由法定代表人或者委托代理人签字。)

学习反思 | 5个赞赏

首先,将团队与个人学习目标进行逐一对比,以清单列表或思维导图分解出已完成和未完成两部分;然后,用3~5个关键词描述自己团队在完成这项任务中未能解决的问题与所遇障碍;最后,对照最佳团队,归纳自己团队未完成部分的主要原因与对应责任,提交反思报告。

问题与障碍:

单元测验 | 5个赞赏（建议在40分钟内完成）

一、单项选择题

1. 你认为美元的升值幅度将：
   ○ 加快　　　　　○ 减缓
   以上问题属于（　　）。
   A. 比较式问题　　　　　　　　B. 多项式选择问题
   C. 开放式问题　　　　　　　　D. 两项选择问题

2. 市场调研首先要解决的问题是（　　）
   A. 确定调研方法　　　　　　　B. 选定调研对象
   C. 明确调研目的　　　　　　　D. 解决调研费用

3. 在访问调研法中，获得的信息量最小的方法是（　　）
   A. 面谈调研　　B. 邮寄调研　　C. 电话调研　　D. 留置调研

4. 问卷调研中对所提出的问题并不列出所有可能答案，而是由被调研者自由作答的问题是（　　）。
   A. 态度性问题　　B. 动机性问题　　C. 封闭性问题　　D. 开放性问题

5. 如果要研究较为隐秘的问题，如个人隐私问题，或者对一些复杂产品的使用效果评价，适合的调研方法是（　　）。
   A. 访谈调研　　B. 观察与试验　　C. 座谈会　　D. 深入访问

6. 问卷法一般是（　　）。
   A. 直接调研　　B. 间接调研　　C. 口头调研　　D. 非标准化调研

二、多项选择题

1. 邮寄调研具有下列优点（　　）。
   A. 成本低　　　　　　　　　　B. 不受空间限制
   C. 应用广泛　　　　　　　　　D. 回收率高

2. 问卷中所要调研的问题可分为（　　）。
   A. 事实、行为方面的问题　　　B. 观点、态度方面的问题
   C. 未来的可能行为　　　　　　D. 动机方面的问题

3. 在问卷设计中，往往要求设计者注意以下哪几个方面（　　）。
   A. 用词必须清楚、简洁　　　　B. 避免一问多答
   C. 避免出现诱导性或倾向性的提问　　D. 避免隐含选择、隐含假设
   E. 应考虑到被调研者回答问题的意愿和能力

三、案例分析

重庆中小型企业对营销与策划专业的人才需求问卷调研

尊敬的女士/先生：

　　您好！为了了解中小企业对营销与策划类人才的学历层次及能力要求，以明确我院该专业的学生在就业中的定位，现组织开展当前企业对高职应届毕业生营销与策划专业人才需求的专题调研。期望得到您的支持，帮忙填写此问卷，谢谢！

1. 您认为高职营销专业的毕业生岗位适应能力如何?
   _____

2. 您的企业是否愿意接受高职营销专业毕业生（　　）
   A. 愿意　　　　　B. 不愿意　　　　C. 未考虑过

3. 贵企业是否愿意与高职院校建立长期合作关系？（　　）
   A. 愿意　　　　　B. 不愿意　　　　C. 没考虑过

4. 目前高职毕业生在贵公司所占比例（　　）
   A. 15%以下　　　　　　　　　B. 15%～45%
   C. 45%～70%　　　　　　　　D. 70%以上

5. 您认为一个高职应届毕业生的起薪点比较合理的范围是（　　）
   A. 800～1 200元　　　　　　B. 1 200～2 000元
   C. 2 000元以上　　　　　　 D. 其他_____

6. 贵企业在营销人才开发方面遇到的最大问题是（　　）
   A. 人才来源渠道不畅通　　　B. 人才流失严重
   C. 人才信息沟通不够及时　　D. 员工培训的成本高

7. 您认为高职营销专业毕业生应具备的职业素质以及重要性程度，请在相应栏目打"√"。

职业素质	非常重要	重要	一般	不重要	职业素质	非常重要	重要	一般	不重要
诚信敬业					积极主动				
吃苦耐劳					灵活应变				
团队协作					责任感强				
承受挫折力					服务意识强				
善于表述					职业道德与忠诚度				

8. 您认为高职营销专业毕业生应具备的专业能力以及重要性程度，请在相应栏目打"√"。

专业能力	非常重要	重要	一般	不重要	专业能力	非常重要	重要	一般	不重要
人际沟通					业务谈判				
学习					市场推广				
创新					市场开拓				
市场调研					客户管理				
营销策划					财务管理				

为保证本次调研的真实性，本课题小组有可能安排专员回访本次调研的满意度，非常感谢您的支持与配合！祝您身体健康、万事如意！

被调研者姓名：_____　　电话：_____　　年龄：_____

调研人员姓名：_____   日期：_____   小组：_____

以上是我们最常见的问卷之一，仔细阅读后回答以下问题：

(1) 问卷中问题的排序是否有不当之处？

(2) 问卷中有哪些方面的问题设计的不完善？为什么？

(3) 你认为还有需要补充的问题吗？如有，请补充完整。

Ⅶ 拓展学习｜5个赞赏

(1) 在线访问清华社会学论坛、中国社会调查网、人民调查-社会-人民网、湖南社会调研网、中国劳动力市场网等。

(2) 阅读《调查问卷的设计与评估》(由弗洛德·J. 福勒著，蒋逸民等译，重庆大学出版社于2010年出版)。

(3) 设计"在校大学生月消费水平现状"或"保险与生活"的调研问卷，或自拟主题，设计一份优秀的调研问卷。

Ⅷ 下一个工作任务｜5个赞赏

预习"项目工作任务3 展开实地调研"，使用"雨课堂"预习老师推送的教学资料，与自己所在的调研团队成员交流探讨如何开展新的行动任务。

项目任务3　开展实地调研

任务单

在"大众化教育"取代"精英教育",不断扩招的十年来,高校毕业生人数由1999年的近90万人增长到2011年的近671万人,其中高职生已占半数以上。但在700余所高职院校中,毕业生就业率仅为50.1%。高职院校本是专业技能人才的孵化器,但是是什么原因导致其毕业生只有一半的就业率呢?如果就业的增长率长期大幅低于高职教育规模的增长率,那么高职毕业生今后就业难的显性问题将会反过来掣肘高职教育的发展。

与"就业难"形成鲜明对比的是中小企业"用工荒"。"用工荒"与"就业难"能如此矛盾地存在,说明需求与供给之间存在明显的鸿沟。为了摸清中小企业的用人需求、用人标准以及企业工作岗位所需的知识能力结构,调研公司及相关院校正在计划调研中小企业对高职应届毕业生的人才需求现状,以期在企业和学校之间真正能够架起一座桥梁,使"用工荒"与"就业难"的天堑变通途。

任务:你当前的任务是开展"中小企业对高职应届毕业生的人才需求现状"的实地调研。

Ⅰ 真实任务练习

任务解析 | 5个赞赏

教师分析任务需求：
确定的调研团队；
调研人员的知识和技能及经验；
调研对象背景资料及用人需求。

教师提出任务要求：
学习者自由组合为5~8人的调研团队，网上收集二手资料，查找调研问卷的结构、制订原则及注意事项；
点击进入8~10家中小企业的官方网站，了解该企业成立的背景及经营理念，借助百度和谷歌搜索引擎，在线查找不同阶层的中层企业领导20位，作为预调研对象，了解他们个人的详细资料及特点；
根据已定的调研内容、调研目的、调研问卷，运用实地调研的基本知识、方法及技巧，设计"中小企业对高职应届毕业生的人才需求现状"实地调研质量控制方案。依据调研背景策划实地调研人员的招聘及培训计划，并按照计划和方案开展关于"中小企业对高职应届毕业生的人才需求现状"的实地调研。

调研团队对任务单中问题的理解：

根据团队表现对其进行等级评价： ＋赞 ☆☆☆☆☆　　　　　　分享/转发 ☆☆☆☆☆

教师对任务单中问题的理解：

市场调研项目的实施是影响调研质量的重要环节，涉及从调研项目的确定到出具调研结果的全过程。完成一个项目的实地调研有多种途径，可以是企业自己完成全部调研任务，也可以是企业设计调研方案然后招聘调研人员完成调研任务，也可以将调研任务外包给第三方完成。本任务的实地调研开展是按照市场调研项目实施的流程来进行任务分解的。

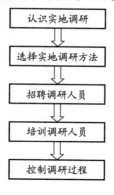

拟定学习目标 ｜ 5个赞赏

课程学习目标：

通过课程学习，熟悉调研人员的招聘标准和程序，掌握调研人员的培训方法，能够清楚地表达出市场调研质量控制方案的内容，能够依据调研背景设计出调研人员的招聘方案。根据调研人员的培训要求，设计出科学的培训方案。课程学习结果是提交一份科学且行得通的调研质量控制方案。

个人学习目标：

编制团队工作(学习)计划 | 5 个赞赏

月　日 — 月　日，　年

27	28	29	30	31	1	2
周日	周一	周二	周三	周四	周五	周六

27	28	29	30	31	1	2
周日	周一	周二	周三	周四	周五	周六

Ⅱ 智慧教学

(1) 下载安装包,在计算机上安装"雨课堂"。

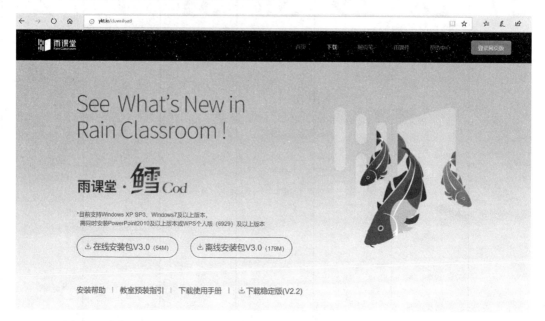

(2) 开启"雨课堂",进行授课。

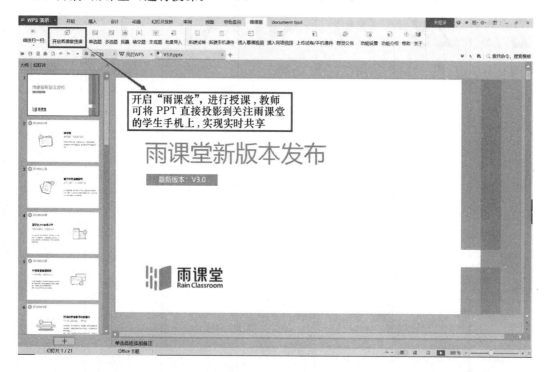

开启"雨课堂",进行授课,教师可将PPT直接投影到关注雨课堂的学生手机上,实现实时共享

Ⅲ 破冰游戏

先根据男女人数定义出男女的价格,如果男生人数多,可将男孩定义为 0.5 元,女孩定义为 1 元,然后所有人围成一个圆圈,顺时针跑起来。当教师喊出一个数字时,参与人尽快地各自组合成这个数字。例如,教师喊出 3 元时,可以是 3 个女生或 6 个男生或 2 个女生 2 个男生等组合。未能在规定时间内组成教师要求的价格的团队人员,需要分享自己在实地调研中控制调研问卷质量的方法和技巧。

Ⅳ 知识技能学习

1. 认识实地调研

一个企业经营成功与否,在于对市场实际需求的掌握度。因为实地调研的组织与实施直接影响调研的质量,所以企业在进行实地市场调研构想时,必须先从问题分析入手,确定举行市场调研的目的后,再着手市场调研的准备,这样可以避免犯方向错误。

(1) 实地调研的内涵

实施一个项目的实地调研是企业按照调研计划组织相关调研人员,在指定的调研时间内到达相应的调研地点,按照调研项目的内容和要求,采用观察、访问等方法,向对应的调研对象系统地收集各种资料和数据的过程。

(2) 实地调研的优势与不足

实地调研的主要特点是所获得的信息及时、确切。消费者、行人等目标人群,专家、媒体以及其他人群是实地调研的主要对象。实地调研法在市场调研中使用非常广泛,有很多优势,但也存在劣势(见表 3-1)。

表 3-1 实地调研的优势与劣势

实地调研的优势	实地调研的劣势
能够获得被调研者的观点	需要资金和时间
能更好地适应动态和快速变化的环境	高度依靠调研员的观察和解释技巧
能保持整个事件的所有新细节	结论具有局限性
调研主体相关二手资料欠缺时,可以采用实地调研法	可靠性和客观性欠缺,需后期验证

(3) 实地调研的步骤

实地调研一般分为三个步骤:第一步,确定实地调研对象,选择实地调研地点;第二步,进入现场;第三步,建立关系。在进入现场之前,需先与被调研者取得信任,建立友善关系。进入现场之后,要掌握调研实地的语言和遵从调研实地的风俗和习惯,特别是不要有当地风俗特别忌讳的言行。

(4) 实地调研的技巧

在实地调研中,要想把握好实地调研的技巧,需掌握以下几个要点。

① 知己知彼,百战不殆。

知己是基础,一个调研人员只有熟知自身调研的方方面面,才能自信地面对调研对象。要做足准备,充分了解自己所要调研的各类事项,包括调研内容、调研目的、调研问卷、访谈提纲等。

知彼是关键,只有掌握了对方信息,才能游刃有余。调研人员要做足功课,全面掌握调研对象与本次调研相关的信息,如调研对象的基本情况(信息)、调研对象的特点等。

② 合理配置调研人员,充分发挥团队力量。

在进行实地调研的人员配置时,尽量安排本地调研人员,这有利调研过程中的沟通以及对地理环境的熟悉。综合专业、年级、个人特质配置团队成员。团队成员需要密切协作,有效沟通,发挥团队力量。

③ 善于观察,灵活多变,积极沟通。

随机调研时,注意观察周边事物,多发现、善于发现可调研的对象。对于待调研对象要进行基本判断,判定其是否能完成调研。

④ 针对性运用调研技巧,多管齐下。

一般操作步骤为:先表明身份,讲清调研意图,打消对方顾虑;然后寻找和对方的共性,引起对方兴趣;最后适当夸赞对方。

⑤ 怀揣"三心"。

a. 细心;b. 耐心;c. 责任心。

⑥ 坚定三种意识。

第一种是提高安全意识,注意自身安全;第二种是加强抗挫折意识,以良好心态面对困难;第三种是牢记礼貌意识,树立良好的个人及团队形象。

2. 选择实地调研方法

任何项目的调研都离不开资料的收集,有些资料只需调研员人通过报纸、期刊等就能找到,但有些资料必须通过实地调研的方法才能得到。实地调研法(如图 3-1 所示)主要有三种:访问法、观察法、实验法。访问法又分:入户访问、拦截访问、电话访问、邮寄访问。每一种调研方法都有它特定的适用背景。因此,在进行调研前,调研员需根据实际情况,正确选择调研方法。

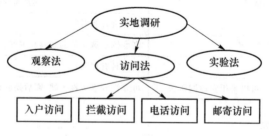

图 3-1 实地调研法

(1) 观察法

观察法是调研人员在现场通过自己的感观或借助影像摄录器材,直接或间接观察和记录正在发生的行为或状况,以获取第一手资料的一种实地调研方法。

① 观察法的类型

观察法有参与观察和非参与观察、公开观察和非公开观察、结构式观察和非结构式观察、直接观察和间接观察、其他类型的观察（包括自我观察、设计观察、机器观察等类型），如图 3-2 所示。

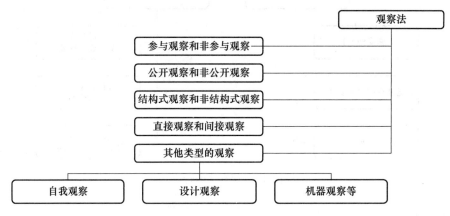

图 3-2 观察法的类型

参与观察是指观察者直接加入到某一群体之中，以内部成员的角色参与该群体的各种活动，在共同生活中进行观察、收集与分析有关的资料。非参与观察是指观察者不参与被观察者的任何活动，以旁观者的身份置身于调研群体之外进行的观察。

公开观察是指被观察者知道自己正在被观察。通常情况下，观察员的公开出现将影响被观察者的行为，被观察者可能会表现出与平常有所偏差的特征。非公开观察是在不为被观察者所知的情况下观察他们行动的过程。

结构式观察是指调研人员事先制订好观察的范围、内容和实施计划的观察方式。非结构式观察是指对观察的范围、内容和实施计划事先不做严格限定，依现场的实际情况随机决定的观察方式。

直接观察是指观察者直接到现场观看被观察者的情况，即观察者直接"看"到被观察者的活动。间接观察是指观察者通过对与被观察者关联的自然物品、社会环境、行为痕迹等事物进行观察，以便间接反映调研对象的状况和特征。

自我观察是个人按照一定的观察提纲自己记载自己的行为、行动的调研活动。设计观察是在经过设计的环境中进行的调研活动，被观察者没有意识到他们受到观察。机器观察是在特定的环境中借助机器完成的调研活动。

② 观察法的特点

在实地调研中，采用观察法既有有利的一面，也有不足的地方，如图 3-3 所示。观察法具有实施简便易行、信息直观可靠、实施过程中可排除干扰等优势。它的不足为：采用观察法耗时过长，导致调研成本提高；只看表象致使观察深度不够；人员素质的因素易导致观察结论出现误差等。

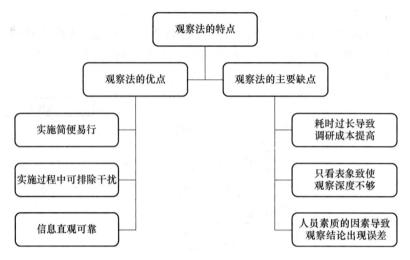

图 3-3 观察法的特点

【动起来】

运用观察法的基本知识,利用业余时间,在商业区或写字楼进行非公开的自我观察,筛选出有关"中小企业对高职应届毕业生的人才需求现状"实地调研对象 15 位,拟定观察提纲,并记录调研对象的工作时间、休息时间、个人习惯等。

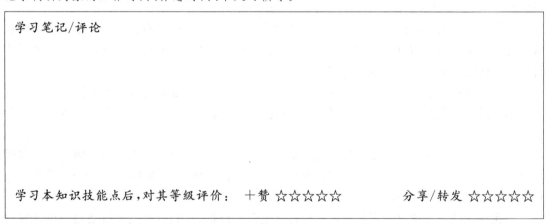

(2) 访问法

访问法是指调研人员按照调研项目规定的抽样原则,通过到被调研者家中或工作单位或街头拦截等方式,直接接触被调研者,利用问卷逐个问题地询问,并记录对方答案,从而获得原始资料的一种实地调研方法。

① 访问法的类型

从访问的方式可分为入户访问、拦截访问、电话访问、邮寄访问,如图 3-4 所示。

图 3-4 访问法的类型

② 访问法的特点

入户访问具有信息获取直接、调研组织灵活、调研过程可控制、调研数据准确等优点。因此,在市场调研中,很多调研公司采用入户访问。但入户访问也有它自身的缺点,如要受时间的限制,也容易受调研者的影响,拒访率也比较高。入户访问的主要特点见图3-5。

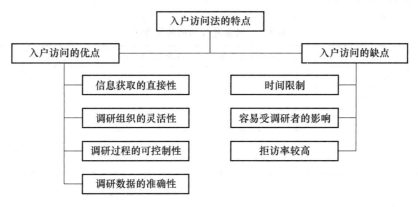

图 3-5　入户访问的主要特点

【动起来】

运用入户访问的基本知识和技巧,采用"中小企业对高职应届毕业生的人才需求现状"的调研问卷,从通过实地观察筛选出的15位调研对象中,根据实际情况,挑选5位调研对象进行入户访问。

拦截访问又称街头访问。通常是由调研人员事先在选定的若干个调研地点选取调研对象,征得其同意后,现场通过问卷进行面对面的调研。拦截访问节省费用,也便于对调研对象的监控,但调研的精确度低,拒访率也很高。图3-6是拦截访问的工作流程。

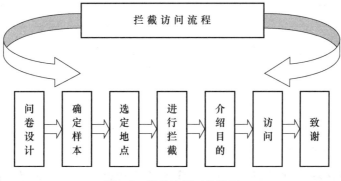

图 3-6　拦截访问工作流程

【动起来】

试着运用拦截访问,采用"中小企业对高职应届毕业生的人才需求现状"的调研问卷,从通过实地观察筛选出的 15 位调研对象中,挑选 5 位调研对象进行拦截访问,并做好问卷发放和回收记录工作,填写表 3-2。

表 3-2 问卷发放和回收记录表

序号	调研人员	发放问卷数量	调研人员签名	回收问卷数量	负责人签名
1					
2					
3					
…					
合计					

学习笔记/评论

学习本知识技能点后,对其等级评价:　＋赞　☆☆☆☆☆　　　分享/转发　☆☆☆☆☆

③ 访问法的步骤

访问法的步骤:首先,进行访问前的准备工作;其次,调研人员把自己介绍给被调研者;再次,调研人员详细说明这次访问的目的;最后,调研人员开始提问。若遇到特殊情况,需要灵活处理。

【动起来】

请通过百度百科,查找电话访问、邮寄访问的特点,并将查找的内容填写在下面的横线上。

电话访问与邮寄访问的特点

学习笔记/评论

学习本知识技能点后,对其等级评价:　＋赞　☆☆☆☆☆　　　分享/转发　☆☆☆☆☆

(3) 实验法

实验法是指在市场调研中,调研人员经常改变某些因素来测试对其他因素的影响,并通过实验对比分析,收集市场信息资料的一种调研方法。实验法能够揭示市场变量之间的因果关系,其特点如图3-7所示。

此外,实验法的操作步骤为:明确实验目标→选择实验对象→确定实验方法→控制实验环境→测评实验效果。

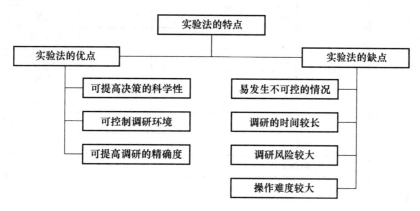

图 3-7 实验法的特点

3. 招聘调研人员

调研人员是指直接收集资料的人员。一个市场调研机构一般不可能拥有很多专职的市场调研人员,而兼职的调研人员工作性质又不稳定,因此,调研服务机构常常要进行市场调研人员的招聘工作。市场调研人员的招聘可以按照图3-8所示的流程进行。

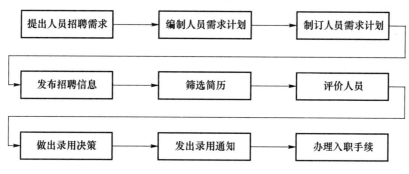

图 3-8 市场调研人员的招聘流程

(1) 确认人员招聘需求

根据调研方案的要求,调研部门在实施实地调研之前,要确认需要多少调研人员,调研人员应具备什么样的条件。因此,在招聘调研人员之前,应根据调研项目的实际需求向上级部门提交市场调研人员需求申请表。

【动起来】

下面请根据任务单中的项目背景及调研项目"中小企业对高职应届毕业生的人才需求现状"的调研方案,填写表3-3的市场调研人员需求申请表。

表3-3　市场调研人员需求申请表

申请部门				部门经理	
人员需求计划	岗位名称	工作描述	所需人员	上岗时间	任职条件
	岗位1	1.			专业知识
		2.			工作经验
		3.			工作技能
		…			其他
	岗位1	1.			专业知识
		2.			工作经验
		3.			工作技能
		…			其他
薪酬标准	岗位		基本工资		绩效工资
	岗位1				
	岗位2				
部门经理意见					签名： 日期：
人力资源部批示					签名： 日期：
总经理意见					签名： 日期：

学习笔记/评论

学习本知识技能点后,对其等级评价：　＋赞　☆☆☆☆☆　　　　分享/转发　☆☆☆☆☆

(2) 制订人员招聘计划

市场调研人员招聘申请表审批下来之后,还需要根据市场调研人员招聘的条件、途径、方法来编制并制订市场调研人员招聘计划。

1) 确定招聘条件

招聘市场调研人员时,主要看应聘人员是否有较强的沟通能力及语言表达能力,性格是否活泼、开朗,是否有责任心和吃苦耐劳的精神。在招聘过程中,应注意市场调研人员应具备以下基本条件：

① 爱岗敬业、有责任心;

② 善于与陌生人沟通，头脑灵活，应变能力强；
③ 有良好的心态，能认真完成预定的调研任务；
④ 能仔细记录调研笔记，减少粗心造成的调研误差；
⑤ 有一定的心理承受能力，能做到胜不骄，败不馁。

此外，根据不同的调研项目和调研形式，还需要综合考虑一些其他条件。例如，进行入户访问、电话访问时，女性调研员比较适合。

【动起来】

下面请各调研团队试着根据任务单中的任务背景及"中小企业对高职应届毕业生的人才需求现状"的调研目的及内容，设置该项目调研人员的招聘条件，并说明列出该条件的理由。

条件 1.

条件 2.

条件 3.

……

学习笔记/评论

学习本知识技能点后，对其等级评价： ＋赞 ☆☆☆☆☆　　分享/转发 ☆☆☆☆☆

2) 设计招聘途径

招聘市场调研人员的形式多种多样，有员工推荐、媒体广告招聘、院校预定、人才交流服务机构招聘、猎头公司招聘、网络招聘等。现在有些调研服务机构已经开始尝试通过劳务派遣方式招聘调研员。

【动起来】

你作为该项目中负责搜集资料的实施主管，下面请依据任务单中的任务背景及"中小企业对高职应届毕业生的人才需求现状"的调研方案，将你采用的调研人员招聘途径、选择依据、具体方案填写在表 3-4 中。

表 3-4 "中小企业对高职应届毕业生的人才需求现状"调研人员招聘

招聘途径	选择依据	具体方案

学习笔记/评论

学习本知识技能点后,对其等级评价：＋赞 ☆☆☆☆☆　　　　分享/转发 ☆☆☆☆☆

3）确定招聘方法

在招聘市场调研人员时,可以通过笔试和面试两种方法来招聘,也可以采用两种方法的合并形式进行招聘。

【动起来】

下面请根据人员招聘的相关知识和技能,完成"中小企业对高职应届毕业生的人才需求现状"的人员招聘计划,并填写在表3-5中。

表3-5 "中小企业对高职应届毕业生的人才需求现状"的人员招聘计划

招聘岗位	招聘单位	招聘人数	招聘条件	应聘方法
招聘岗位1				
招聘岗位2				
招聘岗位3				
…				

学习笔记/评论

学习本知识技能点后,对其等级评价：＋赞 ☆☆☆☆☆　　　　分享/转发 ☆☆☆☆☆

（3）发布招聘信息

根据市场调研人员招聘计划及人员需求申请表,再次确认所需要招聘人员的岗位职责、任职条件、招聘人数等,拟定招聘信息并选择发布方式(可以在当地的报纸上发布,或者举行现场招聘会来发布,也可以在招聘网站上发布)。例如,重庆九同投资责任有限公司在联英人才网发布的招聘信息如下：

招聘职位:市场调研研究员				招聘企业:重庆九同投资责任有限公司			
性别要求	男	招聘人数	1人	年龄要求	22~30岁	学历要求	大专
雇佣形式	全职	截止日期	2012-08-30	工作经验	应届毕业生	薪资待遇	面议
工作地点			重庆市渝北区	联系电话	略	联系人	王女士
职位描述							
从事过房地产市场调研工作,熟悉重庆房地产现状,进行过全程的房地产数据采集及分析							
任职条件							
1. 大专以上学历,男士最佳,品貌优良,沟通表达能力较好,具有较强的分析能力 2. 从事过房地产市场调研工作,熟悉重庆房地产现状,进行过全程的房地产数据采集及分析,拥有一年以上房地产行业工作经验者优先 3. 熟悉数据收集、统计分析、市场调研、专题研究的全过程,能熟悉使用各类统计软件者优先 4. 工作责任心强、认真仔细,踏实、勤勉,能吃苦,有良好的团队合作精神							
相关福利							
提供:养老保险、事业保险、医疗保险、生育保险、工伤保险、年终奖、员工旅游、员工培训							
其他福利待遇:购买物种保险,有带薪年假、婚假、丧假、生日假等							
面试地址:重庆渝北龙溪街道新南路38号5楼5506室							

(4) 筛选简历

市场调研人员招聘信息发布后,我们可能会收到很多应聘者的简历。面对众多的简历,我们应将应聘者有以下情况的直接淘汰:

- 信息过于简单、不完整;
- 无联系方式;
- 硬件不符;
- 频繁转换工作;
- 逻辑不清,简历混乱;
- 申请工作的时间不确定,要求的待遇高,住处离工作地点很远;
- 年轻,在小公司,但头衔却很大;
- 上一份工作与所申请职位有巨大反差。

(5) 人员录用相关事宜

对未被淘汰的应聘者(也就是候选人)进行面试时,应从应聘者的工作能力、工作动机、是否适合该岗位等方面做出评价,并做出是否录用的决策。然后,对准备录用的应聘者进行试用,试用合格后,发出录用通知,与录用者签订临时劳动合同聘用协议,替录用者办理入职手续。

4. 培训调研人员

招聘市场调研人员之后,下一步的工作是对他们进行培训。通过培训调研人员的调研技能,能够降低拒访率,使调研工作更加有效率。首先应根据调研人员培训需求制订一份调研人员培训方案,然后对实施的培训效果进行评估。

一份完整的调研人员培训方案包括培训对象、培训目标、培训时间、培训地点、培训内容、培训方式和培训资料。

培训内容是调研人员培训方案的重中之重,主要涉及调研人员的心理培训、调研项目知识的培训、调研技巧的培训、模拟训练等,详细培训内容见表3-6。

表3-6　市场调研人员调研培训内容

序号	培训项目	培训内容	天数	培训师
1	调研人员心理建设	建立自信心,鼓励接触陌生人,遭到拒访后要不怕失败,要会自我调整,形成继续学习的心态	1	企业导师
2	调研项目知识	调研项目的意义、目的、调研内容、调研程序及调研要求	1	教师
3	调研技巧	如何接近被调研者,建立和谐气氛的技巧,把握被调研者内心的技巧,提问技巧,处理拒绝调研的技巧,调研者自身安全及应急处理技巧等	2	校内导师
4	调研速记	调研记录的处理技巧	0.5	导师
5	模拟训练	调研项目的相关知识,问卷内容的解释和讨论(问题说明技巧、被调研者提出的疑问的解决技巧等),实地调研访问经验(通过室内模拟访问及实地演练)	2	校内导师
6	团队建设	团队建设活动,体验团队力量	0.5	待定

经过以上培训后,新招聘的市场调研人员的培训效果如何呢?培训评估是了解培训内容实用性、难易程度和时间安排合理性等的一条好途径,市场调研人员培训评估表见表3-7。

表3-7　市场调研人员培训评估表

培训师姓名		学员姓名		培训时间			
评估项目	评估内容	评分分值/分					
		5	4	3	2	1	
培训课程	培训内容实用性						
	培训内容难易程度						
	时间安排合理性						
培训导师	导师风格						
	授课技巧						
	课堂气氛						
培训组织	培训设施的准备						
	后勤工作的准备						
	组织的整体评价						
被培训的心得							
对培训的改进意见及建议							

5. 控制调研过程

在实地调研的实施过程中,督导对调研人员要进行不定时的跟踪、监督和指导,以便及时发现问题,解决问题。在具体的实际调研项目中,对调研人员进行适当的监控、督查时,应制订一份督查纪实表,以保证调研问卷的质量。

【动起来】

请各调研团队的调研督导根据各调研人员的实地调研实际情况,完成"中小企业对高职应届毕业生的人才需求现状"的督查纪实表,并填写在表3-8中。

表3-8 督查纪实表

问卷编号	调研人员	完成问卷数	未完成问卷数	总体评价	存在的问题	改进意见	督查时间
合计							

学习笔记/评论

学习本知识技能点后,对其等级评价: ＋赞 ☆☆☆☆☆   分享/转发 ☆☆☆☆☆

在对市场调研人员收集起来的问卷进行审查时,需要看问卷是否有质量问题,是否有缺失数据;答案之间是否有前后矛盾;笔记是否一致等。通过这样的审查来整理有效问卷,理清有问题的问卷,计算出问卷的有效率,归纳出主要问题,并对发现的问题采取及时的补救措施。对工作质量较差的调研人员,需要进行再次培训。

【动起来】

请各调研团队的调研人员根据"中小企业对高职应届毕业生的人才需求现状"的问卷调研的实际情况,整理出有效问卷,归纳出问卷中存在的主要问题,并填写在表3-9中。

表3-9 有效问卷审查结果记录表

序号	调研员	有效问卷数	有效率	无效问卷数	主要问题	审查员
合计						

学习笔记/评论

学习本知识技能点后，对其等级评价： ＋赞 ☆☆☆☆☆　　　分享/转发 ☆☆☆☆☆

Ⅴ 实战演练

1. 操作步骤

第一步：教师下达任务单，介绍完成任务的目的和要求，强调"兼职调研人员招聘方案和培训内容设计"的实践应用价值，调动学生动手设计的积极性，同时介绍市场调研人员招聘流程、招聘条件、招聘方法、培训内容的安排与评估。

第二步：组建实地调研团队。教师将教学班的学生按每小组5～8人的标准划分成若干项目小组，每个小组指定或推选一名组长。

第三步：学生阅读市场调研人员招聘方案设计的范例（见范例3-1），将其作为参考指南。

第四步：学生查找任务场景相关的资料。例如，点击进入8～10家中小企业的官方网站，在线查看该企业的招聘计划、职位描述、薪酬管理等，运用所学知识，模仿范例3-1，拟定"中小企业对高职应届毕业生的人才需求现状"的调研人员招聘方案。

第五步：学生设计市场调研人员培训方案。各项目小组的每位成员结合任务单的任务背景描述，按照培训对象、培训目标、培训时间、培训地点、培训内容、培训方式等，每人设计一份关于"中小企业对高职应届毕业生的人才需求现状"市场调研人员培训方案初稿。

第六步：学生修订市场调研人员招聘和培训方案。各项目小组汇总个人设计的市场调研人员招聘及培训方案，小组讨论，设计出项目小组的市场调研人员招聘及培训方案，并通过咨询专家，修订成最终稿。

第七步：各项目小组的组长召集实地调研团队，细分实地调研任务，落实调研责任人，调研督导制作并记录督查纪实表，问卷审核员制作并记录有效问卷审查结果记录表，各组组长制作并记录问卷发放和回收记录表。

第八步：各小组进行实地调研。各组组长一起讨论并制订实地调研管理条例，并咨询指导教师，将其修订成最终版。然后各组组长向组员宣读实地调研任务、要求及管理条例，带领团队到达指定的地点，进行实地调研。

第九步：各小组进行实地调研的总结与分享。教师集中安排各项目组向全班报告（PPT口头报告）。首先，各项目小组推荐发言人或组长代表本小组，借助PPT展示本团队成果，说明不足之处，接受其他团队的质询；然后，教师最后点评、总结；最后，全班匿名投票，评选出优胜团队,给予表扬与奖励。

2. 注意事项

(1) 全班采用统一的调研问卷,各组成员分配任务应均衡。实地调研前要认真准备,要考虑可能会遇到什么问题,怎么解决。预先设计好的每个调研对象必须调研到,不得更换。

(2) 各教学班以小组为单位分区调研,各项目小组在指定的时间内整体同时到达指定的调研地点,团队内再细分为两人的实地调研组合,进行调研,调研结束后,在指定的时间和地点集中返校。

(3) 在实地调研过程中,要注意调研问卷填写的真实性。在整个调研活动中,要保持良好的个人形象,杜绝调研过程中与被调研者或他人发生冲突,确保个人财产及人身安全,遇到任何困难,及时求助教师和团队组长。

3. 效果评价

根据学生上课出勤、课堂讨论发言、市场调研人员招聘与培训方案、实地调研问卷质量控制实际情况及PPT口头报告情况等进行评定。首先,各项目组组长对组内各成员进行成绩评定(优秀、良好、中等、及格、不及格),并填写表3-10;然后,教师对小组提交的市场调研问卷和口头报告PPT进行点评;最后,教师综合评出各小组成绩,并按照以下公式进行加权计算,给出个人最终成绩且填写表3-11。

个人最终成绩=组长评定成绩×30%+指导老师评定成绩×70%

表3-10　组长评定组内成员成绩表

项目小组成员姓名	小组成员成绩/分					备注
	优秀 (90以上)	良好 (80~90)	中等 (80~90)	及格 (80~90)	不及格 (60以下)	

表3-11　教师评定实地调研开展及PPT口头报告成绩表

评价指标	分值/分	评分/分	备注
各项工作任务准时完成	10		
实地调研人员招聘方案的完整性与科学性	10		
实地调研人员培训方案与评估的科学性	25		
PPT制作水平	10		
口头汇报效果	10		
问卷的实地调研质量控制符合规划要求	35		
实地调研总体评价	100		

Ⅵ 分享与反思

分享 | 5个赞赏

范例3-1 任务调研网重庆地区兼职问卷调研人员招聘方案

任务调研网成立于2009年,公司与国内外各大市场调研机构开展合作,代理搜集中国大陆区的调研样本,累计的会员总数达11万人。目前该公司与点众国际调研机构合作,针对大陆地区拟公开招聘一批兼职调研人员。您每完成1份调研问卷都将得到高额的佣金,名额有限,有兴趣的请赶快加入我们。现将有关事项公告如下。

一、招聘原则

(1) 坚持自愿原则;
(2) 坚持公开、平等、竞争、择优原则;
(3) 信息公开、程序公正、结果公开,自觉接受相关部门全方位监督。

二、招聘计划

招聘计划如表3-12所示。

表3-12 招聘计划

序号	职位	学历要求	人数	专业	性别
1	市场问卷调研员	不限	30	营销及电商相关专业	男女不限
2					
3					

三、招聘条件

(1) 身体健康,有良好的思想政治素质和职业道德素质;
(2) 能吃苦耐劳,沟通能力强,愿意自我挑战;
(3) 热爱市场调研工作,有奉献精神;
(4) 熟悉调研相关的基本知识和技巧;
(5) 能方便上网,有充足的闲暇时间。

四、相关待遇

(1) 对于所录用人员,公司提供统一培训,并制订职业生涯发展规划;
(2) 调研人员的报酬为每人每天60元;
(3) 优秀者将被录用为正式职员,按有关政策签订聘用合同。

五、招聘程序

(1) 组织工作:由公司人力资源部负责招聘的有关日常事务工作;
(2) 信息发布:关于人员需求的招聘信息,公司将通过公司网站,向社会公开发布;

(3) 报名办法：首先查看公司的报名流程（见公司官网），仔细阅读完报名流程，认真完成报名。完成邮箱验证后，我们会发送调研样卷到您报名留下的邮箱中（邮箱在报名的时候需要通过验证），完成样卷后，请电邮给我们，若通过我们的审核，我们会尽快地联系您。

(4) 资格审查：公司人力资源部将按招聘人数与应聘人数1∶3的比例，对报名者进行资格审查，确定符合条件的人选，并通过电话和电子邮件方式通知本人。

(5) 考核办法：考核采取在线笔试及电话面试相结合的办法，由公司人力资源部组织实施，并负责对应聘者进行考核评分。根据成绩由高到低择优聘任人选。拟聘人员将按公司临时聘用人员的有关政策规定，签订临时聘用合同，并办理相关手续。

六、联系方式

联系人：王女士

联系电话：13271851447

电子邮箱：（略）

联系地址：（略）

邮政编码：（略）

七、其他

未尽事宜，由我公司负责解释。

任务调研网有限公司
2012.08.28

范例3-2 深圳市南山花园城顺电电器选址零售商场实地调研（摘要）

一、公司简介

深圳市顺电连锁股份有限公司是一家专营高档家电和家居用品的大型专业零售连锁商，在1992年成立于深圳，连锁分店现已遍布深圳、东莞、惠州、苏州、北京等城市。它是中国首家通过国外认证机构（SGS）审核并获得ISO9002质量体系认证证书的专业化家用电器零售企业，总部位于深圳市最繁华的商业中心——华强北。

二、实地调研目的

公司决定在南山拓展一家新的卖场，目标地址意向为南山花园城附近。调研目的是了解该区域能否承载公司的销售能力，最终为公司选址投资做决策。

三、实地调研内容

(1) 区内人口调研（含消费水平）。

(2) 区内具有影响力的卖场调研。本商圈有国美、苏宁两大电器零售巨头，还有沃尔玛和人人乐等超市类卖场，它们都售卖家用电器。

(3) 新规划住宅数量调研（潜在市场需求）。

四、调研人员

(1) 确定此调研项目的总负责人为公司投资拓展部经理。

① 负责人1人；

② 实地调研员5人（采用部门人员，无须重新招聘）。

(2) 适当利用外部人员，具体为国美、苏宁的促销员，财务收银员，送货司机；南山区城市建设规划局相关人员。

五、调研时间

持续一周(上午9:30—晚上10:00)。

六、调研实施

(1) 员工李某、赵某和衣某分别交叉负责国美、苏宁和沃尔玛的零售情况调研。员工装扮成顾客,可用小笔记本记录下顾客在该店购买产品的品牌、型号、数量。工作要自然,避免被卖场管理人员发现。

(2) 工作每半天交叉一次进行,目的是避免以上卖场发现调研人员。

(3) 可在适当时机与卖场的促销员和送货司机搭上关系,询问其平均每天的零售数量和送货数量。财务人员掌握每天的销售核心数据,可尽力争取获得信息。

(4) 员工张某负责调研南山规划局等行政管理机构,它掌握本地区未来三年的住宅楼盘规划和开发情况、现有人居情况。

(5) 每天上午8:30—9:30召开调研小组碰头会,总结前一天的市场调研数据,评估误差,总结不足,提出改进措施,争取下一次的调研数据准确。

(6) 本调研带有公司机密性,为非公开调研,所有调研人员的调研数据不得随身携带。

七、报告总结及建议

(1) 调研期间,国美日均零售总额为225万元;周均为1 575万元;月均为6 750万元。

(2) 苏宁的日均零售量为200万元;周均1 400万元;月均5 600万元。

(3) 沃尔玛电器类零售总额日均30万元;周均210万元;月均900万元。

从竞争对手的零售数据来看,如果新开的顺电品牌的销售门类齐全,有望实现每天100万~120万元的销售额。这符合公司的财务测算要求。

(4) 在未来三年,南山花园城附近将还有三湘海上、鸿威海逸湾、宝能太古城、城市山林等大型楼盘社区建成开业,预计将新增人口10万个,未来消费潜力可观。

综上所述,调研项目组建议公司在目标地花园城新开卖场一家,卖场面积建议控制在10 000平方米左右,该卖场将在一年内实现盈亏平衡,一年以后实现盈利。

顺电拓展投资部
2012年10月10日

学习反思 | 5个赞赏

首先,将团队与个人学习目标进行逐一对比,以清单列表或思维导图分解出已完成和未完成两部分;然后,用3~5个关键词描述自己团队在完成这项任务中未能解决的问题与所遇障碍;最后,对照最佳团队,归纳自己团队未完成部分的主要原因与对应责任,提交反思报告。

问题与障碍:

单元测验 | 5 个赞赏(建议在 30 分钟内完成)

一、单项选择题

1. 实地调研不包括(　　)
   A. 访问调研　　B. 观察调研　　C. 实验调研　　D. 间接调研
2. 最通用和最灵活的访问调研方法是(　　)
   A. 邮寄访问　　B. 电话访问　　C. 小组访问　　D. 个人访问
3. 在我国,被普遍采用的面谈访问方式是(　　)
   A. 个人访问　　B. 小组访问　　C. 电话访问　　D. 邮寄访问
4. 由于面谈调研是直接与被调研者进行面对面交谈,调研结果容易到(　　)的影响。
   A. 调研人员的工作态度　　　　B. 费用
   C. 时间　　　　　　　　　　　D. 样本
5. 根据调研的目的,事先对观察的内容步骤做出规定,以此来实施观察,这种观察法是(　　)。
   A. 实验观察　　B. 非实验观察　　C. 结构观察　　D. 非结构观察
6. 一般在资料验收时,应该(　　)。
   A. 将陈旧的资料作废
   B. 接受基本正确的资料
   C. 将问题较少的资料作废
   D. 对某些问题较多的资料可责令调研人员进行补救调研

二、多项选择题

1. 实地调研的方法有(　　)。
   A. 估计法　　B. 访问法　　C. 观察法　　D. 实验法
2. 市场调研人员的业务素质包括(　　)。
   A. 阅读能力——能理解问卷的意思
   B. 表达能力——要求调研人员在调研过程中能够将调研的问题表达清楚
   C. 观察能力——要具有敏锐的观察能力
   D. 随机应变能力
3. 在实地调研中,要想把握好实地调研的技巧,需掌握的要点是(　　)。
   A. 知己知彼,百战不殆
   B. 合理配置调研人员,充分发挥团队力量
   C. 善于观察,灵活多变,积极沟通
   D. 要细心、耐心和有责任心
   E. 提高安全意识,加强抗挫折意识,牢记礼貌意识

三、案例分析

三叶咖啡馆的实地调研

日本有一家三叶咖啡馆,为了扩大销售,曾做过这样一个实验。用红色、咖啡色、黄色和青色 4 种不同颜色的杯子分别装入浓度相同的等量咖啡,请消费者品尝。结果有 90% 以上的消

费者认为红色杯子里的咖啡太浓,咖啡色杯子里的咖啡较浓,黄色杯子里的咖啡适中,青色杯子里的咖啡太淡。据此,该店老板就决定用红色杯子来盛咖啡,结果咖啡馆的生意红火。

案例分析与讨论题:

(1) 日本三叶咖啡馆是怎样开展实地调研的?

(2) 日本三叶咖啡的成功给我们什么启示?

Ⅶ 拓展学习丨5个赞赏

(1) 阅读《行走的课堂——北京城乡一体化发展情况的调查》(由中央民族大学出版社于2018出版)。

(2) 组织开展关于"在校大学生月消费水平现状"或"智慧城市建设与城市转型发展——以某省为案例的调研研究"的实地调研活动。

Ⅷ 下一个工作任务丨5个赞赏

预习"项目工作任务4 分析调研资料",使用"雨课堂"预习老师推送的教学资料,与自己所在的调研团队成员交流探讨如何开展新的行动任务。

项目任务4　分析调研资料

任务单

　　在"大众化教育"取代"精英教育",不断扩招的十年来,高校毕业生人数由1999年的近90万人增长到2011年的近671万人,其中高职生已占半数以上。但在700余所高职院校中,毕业生就业率仅为50.1%。高职院校本是专业技能人才的孵化器,但是是什么原因导致其毕业生只有一半的就业率呢?如果就业的增长率长期大幅低于高职教育规模的增长率,那么高职毕业生今后就业难的显性问题将会反过来掣肘高职教育的发展。

　　与"就业难"形成鲜明对比的是中小企业"用工荒"。"用工荒"与"就业难"能如此矛盾地存在,说明需求与供给之间存在明显的鸿沟。为了摸清中小企业的用人需求、用人标准以及企业工作岗位所需的知识能力结构,调研公司及相关院校正在计划调研中小企业对高职应届毕业生的人才需求现状,以期在企业和学校之间真正能够架起一座桥梁,使"用工荒"与"就业难"的天堑变通途。

　　任务:你作为公司市场调研部的策划员,经过上一阶段的实地调研之后已经获得了大量的问卷资料。目前的任务是尽快对这些资料进行整理和分析,并在整理分析结果中积累数据,发现问题,找到成因,为最后撰写市场调研报告做好准备。

Ⅰ 真实任务练习

任务解析 | 5个赞赏

教师分析任务需求：
确定的资料分析团队；
资料分析的知识技能及经验；
回收的调研问卷。

教师提出任务要求：
学习者自由组合为5~8人的资料分析团队，网上（运用搜索引擎）收集二手资料，了解数据分析的基本流程和主要方法，在线阅读资料分析案例。
对调研人员交来的问卷，认真细致地做好回收与登记、审核与编号、分组、编码以及数据录入工作，在尽量保证问卷的客观性和真实性的同时，为下一步的数据分析做准备。
制作数据分析任务书，选择适当的数据处理软件，对数据的基本特征以及变量之间的关系进行分析，并通过图表将分析结果更为直观地展示。

调研团队对任务单中问题的理解：

根据团队表现对其进行等级评价：　＋赞 ☆☆☆☆☆　　　　　　分享/转发 ☆☆☆☆☆

教师对任务单中问题的理解：

从市场调研的工作流程来看，前期已经完成了资料搜集工作，目前工作人员面对的是大量的调研问卷，其反映的数据是零乱而分散的。接下来的资料分析工作就是要将这些资料进行整理、归纳和分析，为下一步市场调研报告的形成提供论据。分析调研资料的工作流程如下所示：

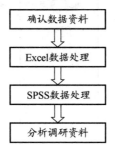

拟定学习目标 ┃ 5 个赞赏

课程学习目标：

通过课程学习掌握资料分析的一般步骤，识记资料分析的基本方法及其适用领域，理解调研资料分析与调研报告撰写的相互关系。首先对收集到的资料进行辨别和整理，利用统计工具对数据进行分析，并在此基础上深度挖掘数据分析结果所反映的问题，找到成因所在。课程的学习结果是提交数据整理汇总表（以电子文档体现，用 Excel 书写），以及数据分析草案（以电子文档体现，用 Word 书写）。

个人学习目标：

编制团队工作(学习)计划 | 5个赞赏

月　日－　月　日，　年

27 周日	28 周一	29 周二	30 周三	31 周四	1 周五	2 周六
27 周日	28 周一	29 周二	30 周三	31 周四	1 周五	2 周六

Ⅱ 智慧教学

(1) 在"雨课堂"教学课件中插入选择题。

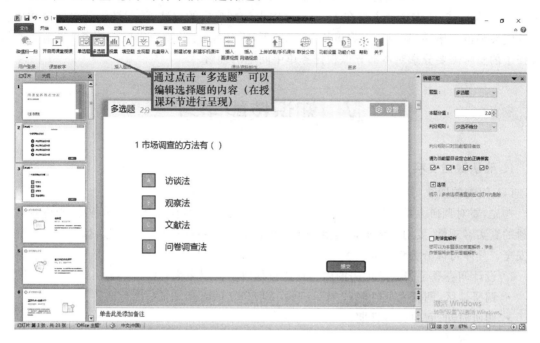

(2) 在"雨课堂"上传试卷或手机课件。

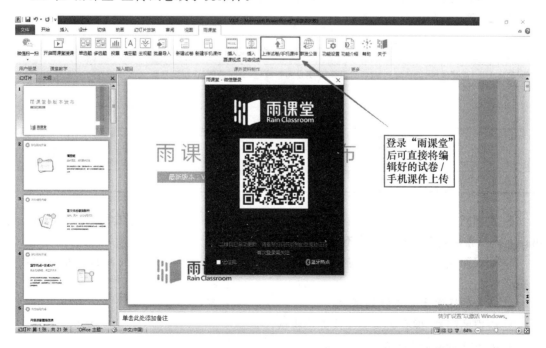

Ⅲ 破冰游戏

6～8人结成小组,以组为单位进行比赛。教师为每个小组分发25根吸管、1个鸡蛋、2条透明胶、1个气球,要求每个小组在15分钟之内设计好鸡蛋的包装,该包装设计要能够防压防摔。包装鸡蛋完毕后,各团队将鸡蛋从10米抛下,拆开包装后,鸡蛋未破损的团队获胜。鸡蛋破损了的团队需要分享对本部分课程任务单中问题的理解。

Ⅳ 知识技能学习

1. 确认数据资料

(1) 问卷的回收与登记

首先,要对调研人员所提交的问卷进行回收与登记。在回收与登记的过程中,要保证收集资料的真实客观性,要对不同调研地点调研人员提交的问卷进行登记和编号,保证问卷的完整和安全。具体可以分为以下几个步骤:

1) 设计问卷登记表。登记表的内容具体包括以下几个方面:
- 调研地区、调研人员姓名;
- 调研时间、问卷交付日期;
- 问卷编号;
- 实发问卷数、上交问卷数、未答或拒答问卷数等。

表4-1就是一份问卷登记表。

表4-1 问卷登记表

序号	调研人员	调研地区	调研时间	问卷交付日期	实发问卷数	上交问卷数	合格问卷数	未答或拒答问卷数	问卷编号区间

2) 甄别问卷。在接收问卷时,要将全部问卷检查一遍,将无效问卷或不能接受的问卷剔出。以下问卷都属于无效问卷或不能接受的问卷:

① 被误解或错答的问卷,即被调研者没有完全理解问卷的内容,或没有按指导语要求回答;

② 问卷的回答大量雷同的试卷;

③ 缺损的问卷,即有数页丢失或无法辨认;

④ 由不符合调研要求的人填写的问卷;

⑤ 前后矛盾或有明显错误的问卷;

⑥ 不完全问卷,即有相当多问题没有回答的问卷。

3) 填写问卷登记表。调研人员按填表要求填写问卷登记表,以便日后问卷的汇总、分析与查考。回收的问卷应分别按照调研人员和地区(或单位)放置。

【动起来】

请大家结合上一阶段实地调研获得的问卷,试着对问卷进行甄别,将无效问卷或不能接受的问卷剔出,并试着完成表 4-1(调研背景是"中小企业对高职应届毕业生的人才需求现状"的调研背景)。

学习笔记/评论

学习本知识技能点后,对其等级评价: ＋赞 ☆☆☆☆☆　　　分享/转发 ☆☆☆☆☆

---

(2) 问卷的审核与编号

为增加准确性,对初步接收的问卷还要进行进一步检查和校订,主要审核问卷的真实性、完整性、准确性、一致性与有效性。

真实性:在进行问卷调研时,要保证被调研者填写的信息不存在提供虚假数字或信息的现象。

完整性:指调研的数据收集要全面,对于调研问卷的项目不能漏填,检查时还应考虑可否容忍相关调研数据的缺失。

准确性:指调研信息是否准确地记录在问卷的恰当位置,对数据填报的科学性进行判断,看是否存在逻辑关系不合理的情况。

一致性:主要指调研结果具有一致性、一贯性和稳定性。

有效性:指问卷调研结果是否是有效的、可信的。需要指出的是检查问卷的一致性和有效性常常可以通过相关分析软件(如 SPSS 等)来辅助验证。

对于不清楚、不完全、不明确等不满意的问卷,可参照表 4-2 处理。

表 4-2　不满意问卷处理的常用方法

处理方法	适用问卷特征	特点
退回重填	样本量较少,被调研者容易识别	① 可保证样本的代表性 ② 节省经费
按缺失数据处理	不符合要求的问卷量少,且其中不符合要求的回答比例也小,或者不符合要求的回答的变量不是关键变量	不影响样本的代表性
丢弃	① 不符合要求的问卷很少(低于 10%) ② 样本单位数很大 ③ 不符合要求的被调研者回答的问卷 ④ 不符合要求的回答在该问卷中占很大比例 ⑤ 对关键变量的回答是缺失的	可能会影响样本的代表性,产生系统性误差

对于通过审核并留用的问卷,要依次在问卷的右上角处用阿拉伯数字(如 No.33)进行编号,以便统计和查询。

【动起来】

请大家结合回收登记后的问卷,试着对问卷进行审核,将缺乏完整性、准确性、一致性与有效性的问卷进行合理的处理,并试着完成留用问卷的编号工作(调研背景是"中小企业对高职应届毕业生的人才需求现状"的调研背景)。

```
学习笔记/评论




















学习本知识技能点后,对其等级评价:  ＋赞  ☆☆☆☆☆      分享/转发  ☆☆☆☆☆
```

(3)问卷的分组

分组就是指根据事物内在的特点和调研研究的任务,按某种标志将所研究的对象的总体划分为若干组成部分或组别,使同一组内的各个主体单位保持同质性,而组与组之间具有差别性的一种分析整理方法。

对审核后的资料进行分组和汇总,才能为市场分析提供系统化和条理化的综合指标数据,这也是保证资料客观准确的重要条件。

分组标志就是分组的标准或依据。分组标志是多种多样的。调研的目的不同,调研对象的具体情况不同,选择的分组标志就应有所不同。一般来说,分组标志主要有 4 种,即品质标志、数量标志、空间标志和时间标志。

1)品质标志:指事物的性质或类别。例如,人口可按性别分为男人和女人,可按民族分为汉族和少数民族;产品可按质量分为优质产品和劣质产品,合格产品和不合格产品。

2)数量标志:指事物的发展规模、水平、速度、等特征。

3)空间标志:指事物的地理位置、区域范围等空间特性。

4)时间标志:指事物的持续性和先后顺序。

按照分组的复杂程度,可分为简单分组(表 4-3 为一个简单分组的例子)和复杂分组(表 4-4 为一个复杂分组的例子)。

表 4-3　调研对象对食用方便面态度分组表(一)

食用态度	人数	比例/(%)
喜欢		
不喜欢		

表 4-4　调研对象对食用方便面态度分组表(二)

家庭年消费额	性别	喜欢		不喜欢	
		人数	比例/(%)	人数	比例/(%)
500 元以下	男				
	女				
500～1 000 元	男				
	女				
1 000 元以上	男				
	女				
合计					

【动起来】

请大家结合经过审核和编号的问卷,选择适合的分组标志设计汇总表格,并试着对问卷进行分组。(调研背景是"中小企业对高职应届毕业生的人才需求现状"的调研背景)。

学习笔记/评论

学习本知识技能点后,对其等级评价：　＋赞　☆☆☆☆☆　　　　分享/转发　☆☆☆☆☆

---

(4) 编码

编码是指用代码来表示各组数据资料,使其成为可进行计算机处理和分析的信息,即将问卷中的信息数字化,转换为统计软件和程序能够识别的数字。

编码的基本程序为以下 4 个步骤:确定变量及单选题的编码,确定多选问题的编码,确定开放式问题的编码,制作编码说明书。

1) 确定变量及单选题的编码。

确定变量包括规定变量的名称、类型、取值范围等。

以一份农民工的社会政策问卷的前三个问题为例,对此过程进行说明。

问题一:你的来源? A. 来自本市农村　　　B. 来自外地

问题二:你的年龄? _____

问题三:你的性别? A. 男性　　B. 女性

X_1 代表来源;X_2 代表年龄;X_3 代表性别。为了在分析中做一些必要的变换和计算,我们把三个变量都规定为数值型,如果规定为字符型则只能计算频数。规定变量的取值为:

$$X_1 = \begin{cases} 0 & \text{未答} \\ 1 & \text{来自本市农村} \\ 2 & \text{来自外地} \end{cases}$$

$X_2 =$ 年龄周岁数$(18\sim70)$，0 表示未答。

X_3 取值的规定方法与 X_1 相同，都要考虑缺失数据的情形。

$$X_3 = \begin{cases} 0 & \text{未答} \\ 1 & \text{男性} \\ 2 & \text{女性} \end{cases}$$

对于单选问题，可按以上方法规定一个变量，并进行编码。

2）确定多选题的编码

若是有多个选择，则要用多个变量与之对应，以下列问题为例进行说明。

标准合同当中是否涵盖了以下内容（可多选）：

A. 劳动报酬　　　　　B. 劳动合同期限　　　　　C. 工作时间　　　　　D. 社会保险

上述问题可用 4 个变量来定义：

$$X_{331} = \begin{cases} 1 & \text{有劳动报酬} \\ 0 & \text{无劳动报酬} \end{cases}$$

$$X_{332} = \begin{cases} 1 & \text{有劳动合同期限} \\ 0 & \text{无劳动合同期限} \end{cases}$$

$$X_{333} = \begin{cases} 1 & \text{有工作时间} \\ 0 & \text{无工作时间} \end{cases}$$

$$X_{334} = \begin{cases} 1 & \text{有社会保险} \\ 0 & \text{无社会保险} \end{cases}$$

3）确定开放式问题的编码

对开放式问题若不进行定量分析则无须编码，若要编码则需要将各种可能的回答归纳，然后一一编码。

4）制作编码说明书

编码工作完成后需要制作编码说明书，以备查阅。编码说明书主要包括变量、变量定义、取值和编码意义 4 个部分，如表 4-5 所示。

表 4-5　编码说明书

变量	变量定义	取值	编码意义
X_1	来源	0,1,2	0 表示未答 1 表示来自本市农村 2 表示来自外地
X_2	年龄	$18\sim70$,0	表示年龄周岁数，其中 0 表示未答
...			

【动起来】

请大家结合问卷分组结果，试着对问卷进行编码。（调研背景是"中小企业对高职应届毕业生的人才需求现状"的调研背景）。

学习笔记/评论

学习本知识技能点后,对其等级评价: ＋赞 ☆☆☆☆☆   分享/转发 ☆☆☆☆☆

2. Excel 数据录入及处理

Excel 表格功能非常强大,我们可以利用它收集记录数据,也可以利用它进行简单的统计计算,还可以利用它里面的很多函数功能。

(1) 创建 Excel 表格

使用 Excel 创建电子表格时,首先要运行 Excel。在 Windows 操作系统中,用户可以通过以下方法运行 Excel:使用"开始"菜单中的命令;使用桌面快捷图标;双击 Excel 格式文件。

运行 Excel 后,它会自动创建一个新的工作簿,也可以通过"新建工作簿"对话框来创建新的工作簿。

(2) Excel 基本操作

Excel 表格可分为菜单栏、标题栏、名称框、公式编辑框、工作表标签和绘图工具栏等几个部分,如图 4-1 所示。

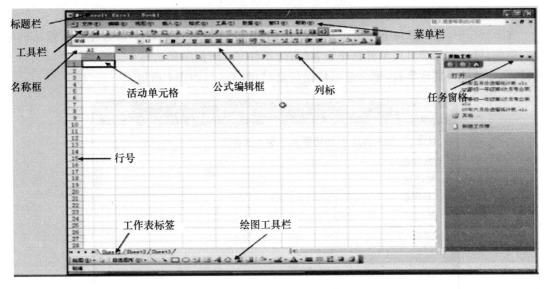

图 4-1 Excel 表格的构成

录入数据前要先选定单元格,将鼠标指针移到需选定的单元格上,单击鼠标左键,该单元格即为当前单元格,即可在其中录入数据。录入问卷数据的时候应注意对问题及答案进行编号,以便于数据的录入。

在 Excel 中的文本通常是指字符或者任何数字和字符的组合。输入到单元格内的任何字符集,只要不被系统解释成数字、公式、日期、时间或者逻辑值,则 Excel 一律将其视为文本,如图 4-2 所示。

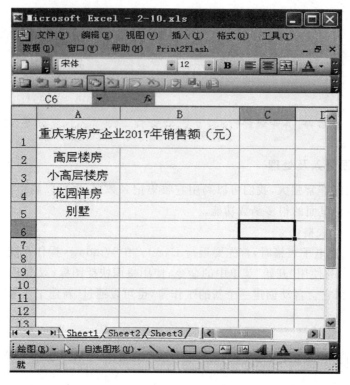

图 4-2 Excel 表格录入文字

在 Excel 中,可以控制单元格可接受数据的类型,以便有效地减少和避免输入数据的错误。例如,可以在某个时间单元格中设置"有效条件"为"时间",那么该单元格只接受时间格式的输入,如果输入其他字符,则会显示错误信息,如图 4-3 与图 4-4 所示。

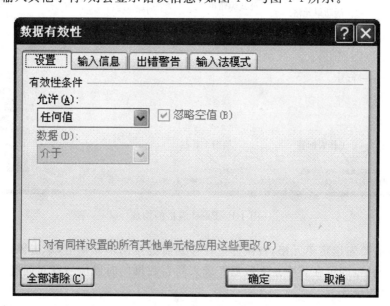

图 4-3 Excel 表格控制可接收数据类型

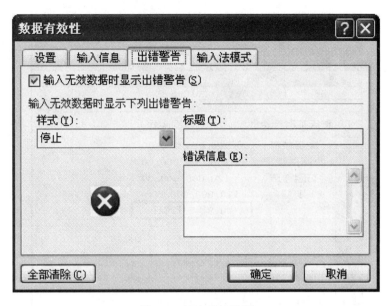

图 4-4 输入无效数据

若将销售额的类型设置成数字,则可录入数字数据,如图 4-5 所示。

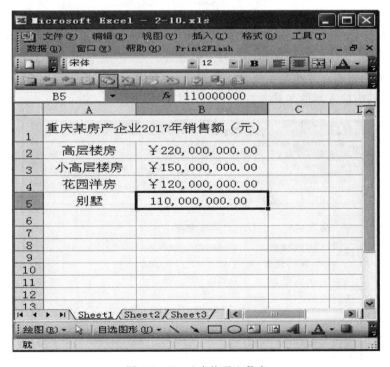

图 4-5 Excel 表格录入数字

若将单元格设置成时间,则可录入时间数据,如图 4-6 所示。

图 4-6　Excel 表格录入时间

重命名表格。Excel 在创建一个新的工作表时,它的名称是以 Sheet1、Sheet2 等来命名的,这在实际工作中很不方便记忆和进行有效的管理。这时,用户可以通过改变这些工作表的名称来进行有效的管理。要改变工作表的名称,只需双击选中工作表的标签,这时工作表标签以反白显示,在其中输入新的名称并按下 Enter 键即可,如图 4-7 所示。

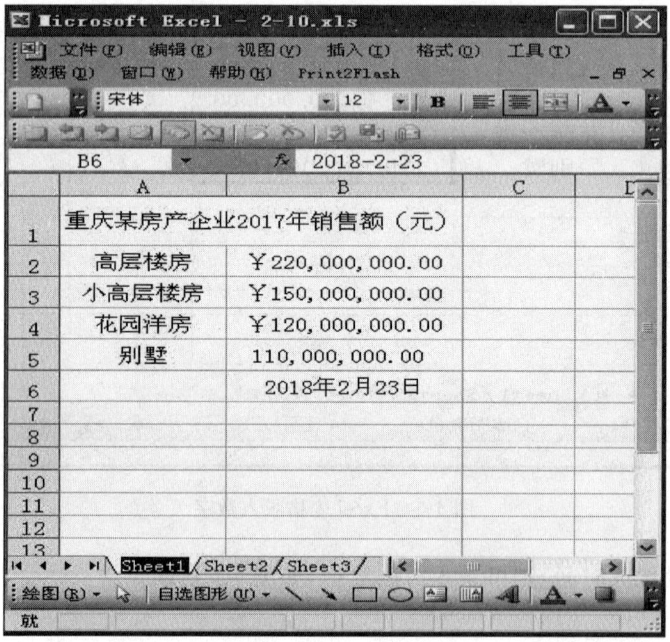

图 4-7　重命名 Excel 表格

保存与关闭表格。在对工作表进行操作时,应记住经常保存 Excel 工作簿,以免由于一些突发状况而丢失数据。在 Excel 中常用的保存工作簿方法有以下 3 种:

① 在"文件"菜单中选择"保存"命令;
② 在快速访问工具栏中单击"保存"按钮;
③ 使用 Ctrl+S 快捷键。

在"文件"菜单中选择"关闭"命令,可以关闭当前工作簿,但并不退出 Excel。若要完全退出 Excel,则可以单击标题栏右部的"关闭"按钮。

【动起来】

请大家创建 Excel 表格,并结合编码结果,试着准确快速地在表格中录入数据。(调研背景是"中小企业对高职应届毕业生的人才需求现状"的调研背景。)

```
学习笔记/评论




学习本知识技能点后,对其等级评价:  +赞 ☆☆☆☆☆      分享/转发 ☆☆☆☆☆
```

(3) Excel 绘图

Excel 数据录入后,经过对数据排序、数据筛选、数据透视等整理工作(数据排序、数据筛选、数据透视技巧详见范例 4-1),可以进一步对数据进行处理。进行 Excel 绘图,通过图形的表达方式将复杂的数据表现出来,可以更直观地了解数据之间的变化以及变化趋势关系。

Excel 绘图主要通过标准类型图表来实现,如图 4-8 所示。标准类型图表常用的主要有柱形图、条形图、饼图、折线图、面积图、XY 散点图等。

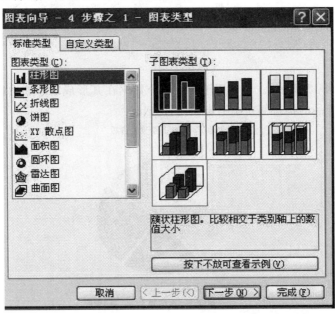

图 4-8　标准类型图表

1) 柱形图（如图4-9所示）。它由一系列垂直条组成，通常用来比较一段时间中两个或多个项目的相对尺寸，如企业产品季度或年销售额对比。

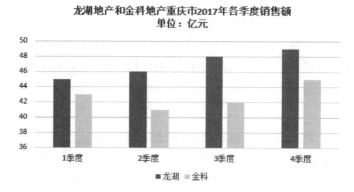

图 4-9　柱形图

2) 条形图（如图4-10所示）。它由一系列水平条组成。对于时间轴上的某一点，两个或多个项目的相对尺寸直观可见，且不同时间点之间的两个或多个项目的相对量具有可比性，例如，它可以比较每个季度、三种产品中任意一种的销售数量。

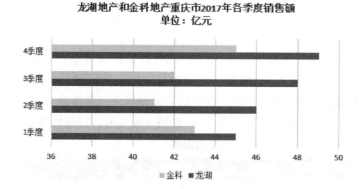

图 4-10　条形图

3) 饼图（如图4-11所示）。它在用于对比几个数据在其形成的总和中所占百分比值时最有用，如表示不同产品的销售额占总销售额的百分比。

图 4-11　饼形图

4）折线图(如图 4-12 所示)。它可用来显示一段时间内某数据的趋势,如数据在一段时间内的增长趋势,或另一段时间内的下降趋势。

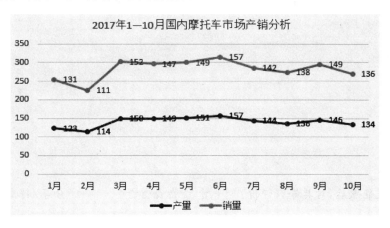

图 4-12　折线图

5）面积图(如图 4-13 所示)。它可显示一段时间内数据变动的幅值。当有几个部分都在变动时,面积图可以让你看见单独各部分的变动,同时也看到总体的变动。

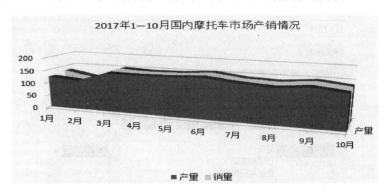

图 4-13　面积图

6）XY 散点图(如图 4-14 所示)。它可以展示成对的数和它们所代表的趋势之间的关系。

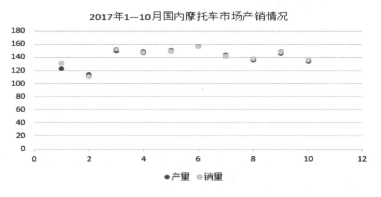

图 4-14　XY 散点图

学习笔记/评论

学习本知识技能点后，对其等级评价： ＋赞 ☆☆☆☆☆   分享/转发 ☆☆☆☆☆

（4）Excel 数据分析

Excel 数据分析的函数。函数可以理解为一种 Excel 已定义好的复杂公式，可按规定的顺序或结构对参数数据进行计算。对于不熟悉的函数或较复杂的函数，手工输入时容易出错，可以采用"插入函数"对话框粘贴函数的方法来输入函数，如图 4-15 所示。

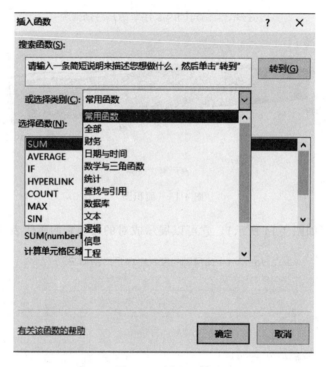

图 4-15　插入函数

Excel 数据分析工具。数据分析工具是在安装 Excel 后可用的加载项。但是，要在 Excel 中使用它，你需要先进行加载。具体操作步骤如下：

1)单击"Microsoft Office 按钮",然后单击"Excel 选项",如图 4-16 所示。

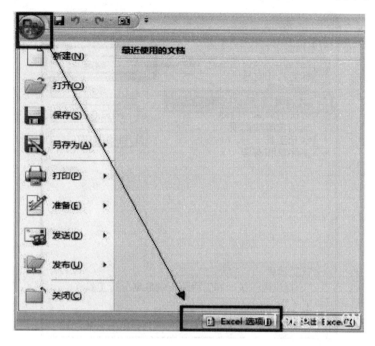

图 4-16 单击 Excel 选项

2)单击"加载项",然后在"管理"框中,选择"Excel 加载宏",单击"转到",如图 4-17 所示。

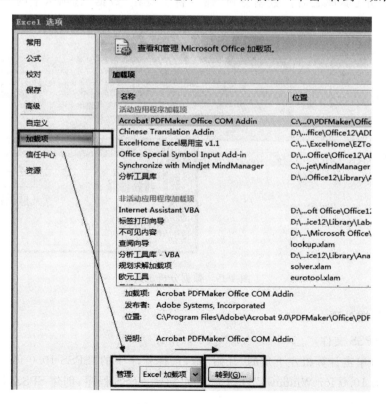

图 4-17 选择加载项

3) 在"加载宏"框中,选中"分析工具库"复选框,然后单击"确定",如图 4-18 所示。

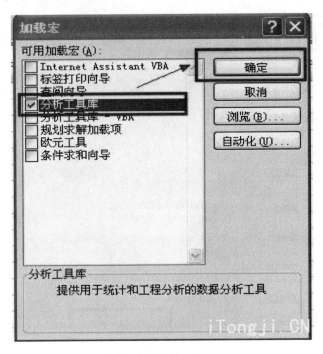

图 4-18 加载宏

4) 加载分析工具库之后,"数据分析"命令将出现在"数据"选项卡上的"分析"组中,如图 4-19 所示。

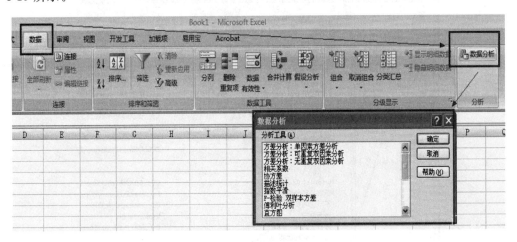

图 4-19 数据分析工具

3. SPSS 数据处理

(1) 创建 SPSS 文件

用鼠标左键单击计算机左下角的"开始"键,选择程序中的"SPSS 10.0 for Windows",并左键双击"SPSS 10.0 for Windows"启动条,便可启动 SPSS 程序,创建 SPSS 文件,如图 4-20 所示。

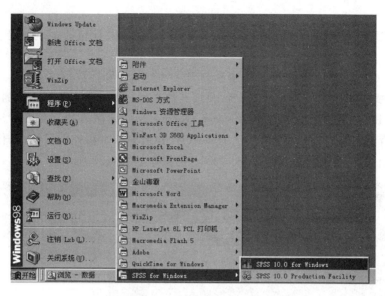

图 4-20 创建 SPSS 文件

(2) 认识 SPSS 文件

SPSS 软件的主菜单主要包括 10 项内容：File（文件操作）、Edit（文件编辑）、View（视图）、Data（数据文件建立与编辑）、Transform（数据转换）、Analyze（统计分析）、Graphs（统计图表的建立与编辑）、Utilities（实用程序）、Window（窗口控制）和 Help（帮助）。而数据窗口主要包括两部分内容：Data View 和 Variable View 两个表格，Data View 主要用来显示需要处理的数据，Variable View 用来设置变量的性质，如名字（Name）、类型（Type）、宽度（Width）、小数点位数（Decimals）等。SPSS 文件的构成如图 4-21 所示。

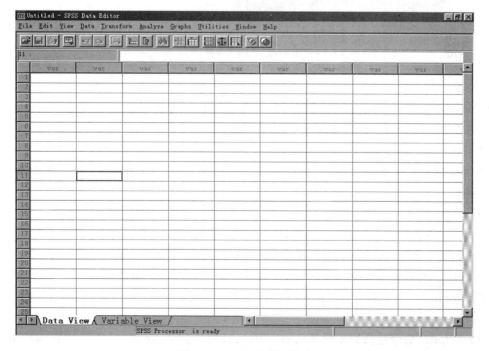

图 4-21 SPSS 文件的构成

1) File

鼠标单击"File"后即可打开下一级下拉子菜单。子菜单共计包括16项,现主要介绍常用的命令。

"New"与"Open"命令分别表示新建和打开一个文件〔包括数据文件(Data)、程序文件(Syntax)、结果文件(Output)、脚本文件(Script)、其他文件(Other)〕。需要注意的是 SPSS 10.0 可以直接打开 Excel 和数据库的文件(Systat、文本、Lotus 等格式的文件)。"Save"和"Save As"分别为保存和另存。"Print"和"Print Preview"分别为打印和打印预览(具体使用方法与 Excel 的完全相同)。"Exit"为退出命令。"File"的操作如图4-22所示。

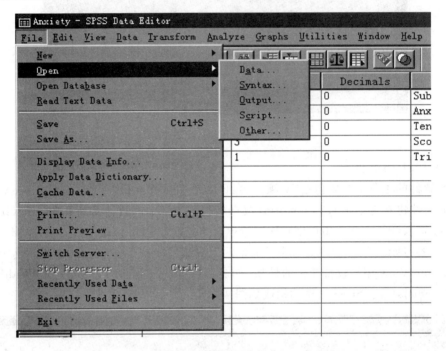

图4-22 "File"的操作

2) Edit

SPSS 的"Edit"命令包括撤销(Undo)、复位(Redo)、剪切(Cut)、复制(Copy)、粘贴(Paste)、清除(Clear)、查找(Find)和操作(Option)。

3) View

"View"命令下的选项较少,仅有状态条(Status Bar,在窗口底部)、工具条选择(Toolbars)、字体(Font)、网格线(Grid lines)、值签(Value Labels)等。

4) Data

"Data"命令包括定义日期(Define Date)、插入变量(Insert Variables)、插入样本(Insert Case)、转到某一样本(Go To Case)、样本排序(Sort Cases)、变量变换(Transpose)、合并文件(Merge Files)、加入样本(Add Case)、加入变量(Add Variable)、集成数据(Aggregate Data)、拆分文件(Split File)、选择样本(Select Case)和样本的权重处理(Weight Cases)。

5) Transform

"Transform"命令包括数据计算(Compute)、随机布点(Random seeds)、计数(Recode)、重新编码〔进入相同变量(Into Same Variables)、进入不同变量(Into Different Variables)〕、变量

分类(Categorize Variables)、样本秩排列(Rank Cases)、自动重新编码(Automatic Recode)、产生时间序列(Create Time Series)、替换缺省值(Replace Missing Values)、运行未定变换(Run Pending Transforms)。

6) Analyze

"Analyze"命令是 SPSS 软件最主要的一项命令集,包含了全部的分析功能,主要包括报表(Reports)、描述统计(Descriptive Statistics)、比较平均(Compare Means)、基本线性模型(General Linear Model)、相关(Correlate)、回归(Regression)、对数线性模型(Loglinear)、聚类(Classify)、数据降维(Data Reduction)、尺度分析(Scale)、非参数检验(Nonparametric Tests)、生存分析(Survival)、多元响应(Multiple Response)13 项,每一项又包括多种变化形式,如图 4-23 所示。

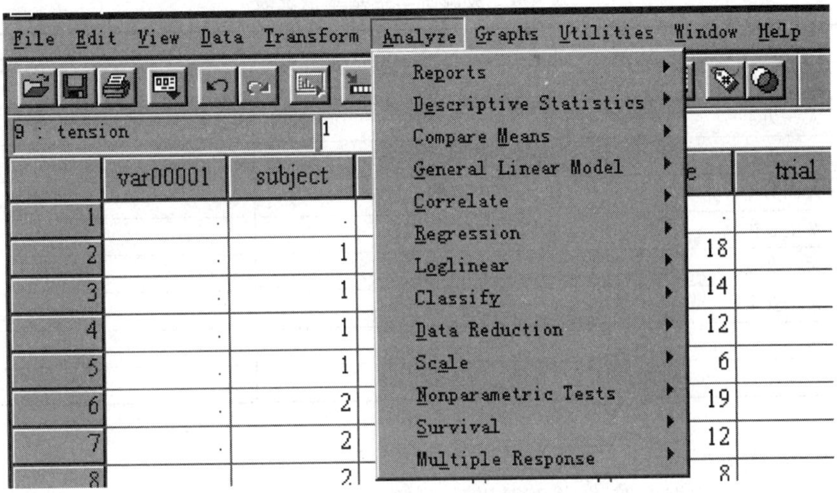

图 4-23 "Analyze"命令

【动起来】

请大家创建 SPSS 文件,在文件中打开已录入好的 Excel 数据(调研背景是"中小企业对高职应届毕业生的人才需求现状"的调研背景)。

学习笔记/评论

学习本知识技能点后,对其等级评价: ＋赞 ☆☆☆☆☆   分享/转发 ☆☆☆☆☆

---

4. 分析调研资料

为了防止数据分析偏离市场调研的目的,可以将希望分析的内容写成任务书,这一环节在委托调研中尤其重要。在形成可操作的统计分析初步方案之后,还应该选择适当的数据处理软件。市场上有大量数据处理软件,我们常用的数据处理软件主要是电子表格类软件和统计分析类软件。电子表格类软件以 Excel 为代表,常用的统计分析类软件较多,主要有 SAS、SPSS、Statistics、Eviews 等,它们的功能差别不大,可根据自己的习惯选择。如果将两类软件配合使用,可达到很高的工作质量和效率。

有了这些前期的准备就可以正式开始分析数据了,可分析的数据特征有:

(1) 频数分布

频率分布是指在对统计数据按照一定的标志划分为若干类型组的基础上,把所有数据或总体各单位按组归并、排列,形成所有数据或总体各单位在各组间的分布(表 4-6 所示的是一个应用频数分布的例子)。

表 4-6 被调研学生基本情况表

学生	人数	频率
男生总体	47	53.4%
大一男生	19	21.6%
大二男生	8	9.1%
大三男生	20	22.7%
女生总体	41	46.6%
大一女生	22	25.0%
大二女生	11	12.5%
大三女生	8	9.1%
合计	88	100.0%

(2) 集中趋势

集中趋势指一组数据向某一中心靠拢的倾向,可以用平均数、众数、中位数等统计指标来表示。对集中趋势的度量是为了寻找样本数据的代表制或中心值,从而反映总体的一般水平。例如,想要弄清楚某种商品在商场上的价格水平,或者某个家庭在某段时期的开支水平时,可以度量样本数据的集中趋势的。

最常用的平均数是算数平均数,它等于全部数据之和除以数据个数。

众数是一组数据中出现次数最多的标志值。它反映的是样本中最普遍的现象,有时可以用它来说明被研究现象的一般水平。

中位数是将总体各单位标志值按照大小顺序排列后,处于中间位置的那个标志值。有时可用中位数代表总体的一般水平,尤其是在总体标志差异很大的情况下,可以排除极端变量值的影响。

(3) 离散趋势和偏度、峰度

离散趋势是指一组数据中各数据值以不同程度的距离偏离其中心的趋势。常用的离散趋势指标有极差、分位差、平均差、方差、标准差、离散系数等。

在数据分析时只进行集中趋势的分析可能得出片面的结论。应该将集中趋势和离散趋势的分析结合起来,得到数据的一般水平时,再通过计算其离散趋势来说明事情发展的集中趋势,二者配合补充可以对调研数据进行全面的观察。

偏度指数据分布的偏斜方向和程度,它是相比于对称分布而言的左偏或右偏。

峰度指数据分布的尖削程度或峰凸程度,主要用于配合偏度,检查样本的分布是否符合正态分布。如果样本的偏度接近于0,而峰度接近于3,则可以推断总体的分布是接近于正态分布的。

(4) 变量之间的关系

有时候需要研究两个变量之间的关系,如某产品的市场价格和当地人民的收入水平之间的关系,对这种关系的研究可能需要我们确定两个或多个变量之间是否存在相对确定的函数关系,也可能只需要我们证明它们之间存在相关关系。

例如,我们认为某产品的市场价格和当地人民的收入水平之间存在一元线性函数关系:

$$P=a+bI+u$$

其中,P 表示产品的市场价格,I 表示当地人民的收入水平。价格 P 受到人民收入水平 I 的影响用 $a+bI$ 来表示,对于不被我们研究的其他变量对价格的影响,用随机变量 u 来表示。在这样的关系中,I 变量取一定数值时,P 变量有确定值与之对应,当需要得到比较确定的关系时就可以采用这种方法。在确定了函数形式后,可以选用合适的计量方法拟合出系数 a 和 b,采用统计软件可以快速地计算出系数 a 和 b 的拟合值。

有时候我们认为两个变量是相关的,但二者之间的函数关系并不确定,当一个变量取一定数值时,与之对应的另一个往往不确定,但它一般按某种规律在一定范围内变化,这种关系我们称之为相关关系,可以通过相关表、相关图、相关系数等形式来分析变量之间的相关关系。

【动起来】

请大家试着用 SPSS 软件,对在 SPSS 文件中打开的 Excel 数据进行分析。(调研背景是"中小企业对高职应届毕业生的人才需求现状"的调研背景。)

学习笔记/评论

学习本知识技能点后,对其等级评价:　＋赞 ☆☆☆☆☆　　　　　　　分享/转发 ☆☆☆☆☆

Ⅴ 实战演练

1. 操作步骤

第一步:教师下达任务单。教师介绍完成任务的目的和要求,强调分析调研资料在调研工作中的重要作用,讲解调研资料整理分析的基本流程和一般方法,调动学生参与实践的积极性。

第二步:组建调研团队。教师将教学班的学生按每小组5~8人的标准划分成若干项目小组,每个小组指定或推选一名组长。

第三步:学生阅读调研资料分析的范例(见范例4-1),将其作为操作指南。

第四步:学生整理调研问卷。按照整理调研问卷的流程进行问卷整理和数据录入工作。

第五步:学生进行数据分析。各项目小组的每位成员结合任务单的任务背景描述及调研的目的和要求,对数据进行分析并形成数据分析报告。

第六步：教师集中安排各项目组向全班报告（PPT 口头报告）。首先，各项目小组推荐发言人或组长代表本小组，借助 PPT 展示本团队成果，说明不足之处，接受其他团队的质询；然后，教师点评、总结；最后，全班匿名投票，评选出优胜团队，给予表扬与奖励。

2. 注意事项

（1）教师注意要事先将教学班的学生按照自由组合或按寝室编号分成不同的项目小组，并确定组长，让学生以小集体的形式共同完成市场调研数据整理分析的任务。各项目小组要充分发挥团队的力量。

（2）要求每个学生根据调研的目的以及问卷数据的特征，选择 2 种以上的方法对数据进行分析。

（3）在分析数据时要避免孤立地分析每一个问题的答案，应运用数据间相关性分析等方法对各个变量进行综合分析，从而得出更科学的结论。

（4）数据分析时不能脱离经济学理论基础和实践经验，设计的模型要有现有理论和经验来支撑。

（5）避免盲目分析，头绪不清，东拉西扯，分析时要围绕具体的目标，将相互联系的因素联合起来研究，这需要分析人员开动脑筋，并且有与调研对象相关的知识和信息储备，不能为了数据分析的结果，盲目地运用所有的分析方法。

3. 效果评价

根据学生上课出勤、课堂讨论发言、调研数据分析与统计、文字写作水平及 PPT 口头报告等情况进行评定。首先，各项目组组长对组内各成员进行成绩评定（优秀、良好、中等、及格、不及格），并填写表 4-7；然后，教师对小组提交的市场调研方案和口头报告 PPT 进行点评；最后，教师综合评出各小组成绩，并按照以下公式进行加权计算，给出个人最终成绩且填写表 4-8。

个人最终成绩＝组长评定成绩×30％＋教师评定成绩×70％

表 4-7　组长评定组内成员成绩表

项目小组成员姓名	小组成员成绩/分					备注
	优秀（90 以上）	良好（80～90）	中等（80～90）	及格（80～90）	不及格（60 以下）	

表 4-8　教师评定调研资料分析及口头报告 PPT 成绩表

评价指标	分值/分	评分/分	备注
数据分析准时完成	10		
使用数据分析方法的数量达到要求	10		
数据分析的完整性与科学性	25		
PPT 制作水平	10		
口头汇报效果	10		
数据分析符合规划要求	35		
数据分析的总体评价	100		

Ⅵ 分享与反思

分享丨5个赞赏

范例 4-1 河北省公租房需求问卷数据分析

对收回的 90 份问卷进行登记与检查后,剔出 4 份无效问卷,接下来对符合要求的 86 份问卷进行编码,编制的编码说明书如表 4-9 所示。

表 4-9 编码说明书

变量	变量定义	选项	录入	变量	变量定义	选项	录入
X_1	居住地			X_8	愿意选择的租房房源	租住市场商品房	1
						租住公共租赁住房	2
						租住城中村居民住房	3
						租住郊区村民住房	4
X_2	年龄	18~20 岁之间	19	X_9	公租房租金与房屋租赁市场租金的比值	60% 以下	40%
		21~30 岁之间	25.5			60%~70%	65%
		31~40 岁之间	35.5			70%~80%	75%
		41~50 岁之间	45.5			80%~90%	85%
		50 岁以上	65			90% 以上	95%
		未选	0				
X_3	来源	未选	0	X_{10}	愿意租赁住房面积	30m² 以内	20
		新就业职工	1			40m² 以内	35
		外来务工人员	2			50m² 以内	45
		未就业人员	3			60m² 以内	55
		本地其他形式就业的居民	4				
X_4	家庭月人均收入	900 元以下	450	X_{11}	最关注的公租房指标	未选	0
		900~1 200 元	1 050			租金水平	1
		1 200~1 500 元	1 350			地理位置	2
		1 500~1 800 元	1 650			房屋面积	3
		1 800~2 000 元	1 900			套型结构	4
		2 000 元以上	3 000				
X_5	参加工作年限	3 年以下	2	X_{121}	选择公租房主要原因	选择改善住房条件	1
		3~5 年	4			未选择改善住房条件	0
		5~10 年	7.5				
		10 年以上	20				

续 表

变量	变量定义	选项	录入	变量	变量定义	选项	录入
X_6	目前住房基本情况	自由住房	1	X_{122}	选择公租房主要原因	选择缓解买房压力	1
		租住私房	2				
		租住单位住房	3			未选择缓解买房压力	0
		集体宿舍	4				
		其他	5				
X_{611}	住房建筑面积			X_{123}	选择公租房主要原因	选择租赁关系稳定	1
						未选择租赁关系稳定	0
X_{612}	家庭人口数	1～5		X_{124}	选择公租房主要原因	选择租金水平较低	1
						未选择租金水平较低	0
X_{62}	每月房租			X_{125}	选择公租房的主要原因	选择其他原因	1
						未选择其他原因	0
X_7	居民对公租房需求	不清楚	1				
		需求不大	2				
		有一定需求	3				
		需求很大	4				

接下来将数据录入 Excel 表中，以备分析，如图 4-24 所示。

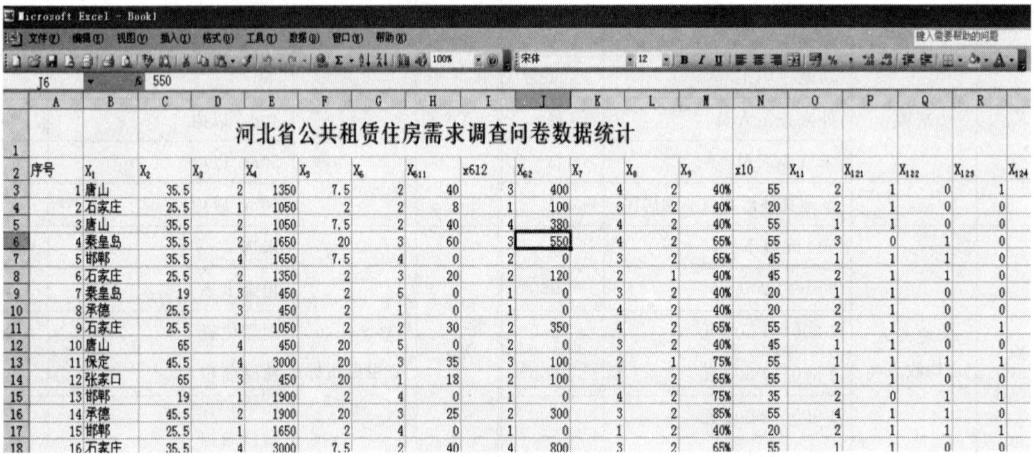

河北省公共租赁住房需求调查问卷数据统计

序号	X_1	X_2	X_3	X_4	X_5	X_6	X_{611}	x612	X_{62}	X_7	X_8	X_9	x10	X_{11}	X_{121}	X_{122}	X_{123}	X_{124}
1	唐山	35.5	2	1350	7.5	2	40	3	400	4	2	40%	55	2	1	0	1	
2	石家庄	25.5	1	1050	2	2	8	1	100	3	2	40%	20	2	1	0	0	
3	唐山	35.5	2	1050	7.5	2	40	4	380	4	2	40%	55	1	1	0	0	
4	秦皇岛	35.5	2	1650	20	3	60	3	550	4	2	65%	55	3	0	1	0	
5	邯郸	35.5	4	1650	7.5	4	0	2	0	3	2	65%	45	1	1	1	0	
6	石家庄	25.5	2	1350	2	3	20	2	120	2	1	40%	45	2	1	1	0	
7	秦皇岛	19	3	450	2	5	0	1	0	3	2	40%	20	1	1	0	0	
8	承德	25.5	3	450	2	1	0	1	0	4	2	40%	20	2	1	0	0	
9	石家庄	25.5	1	1050	2	2	30	2	350	4	2	65%	55	2	1	0	1	
10	唐山	65	4	450	20	5	0	2	0	3	2	40%	45	1	1	0	0	
11	保定	45.5	4	3000	20	3	35	3	100	2	1	75%	55	1	1	1	1	
12	张家口	65	3	450	20	1	18	2	100	1	2	65%	55	1	1	0	0	
13	邯郸	19	1	1900	2	4	0	1	0	4	2	75%	35	2	0	1	1	
14	承德	45.5	2	1900	20	3	25	2	300	3	2	85%	55	4	1	1	0	
15	邯郸	25.5	1	1650	2	4	0	1	0	1	2	40%	20	2	1	1	1	
16	石家庄	35.5	4	3000	7.5	2	40	4	800	3	2	65%	55	1	1	0	0	

图 4-24　数据录入

采用 Excel 进行频数分布的分析非常方便，例如，要计算“愿意选择的租房房源”这一变量的频数分布，首先选中这一列变量，进行排序，如图 4-25 所示。

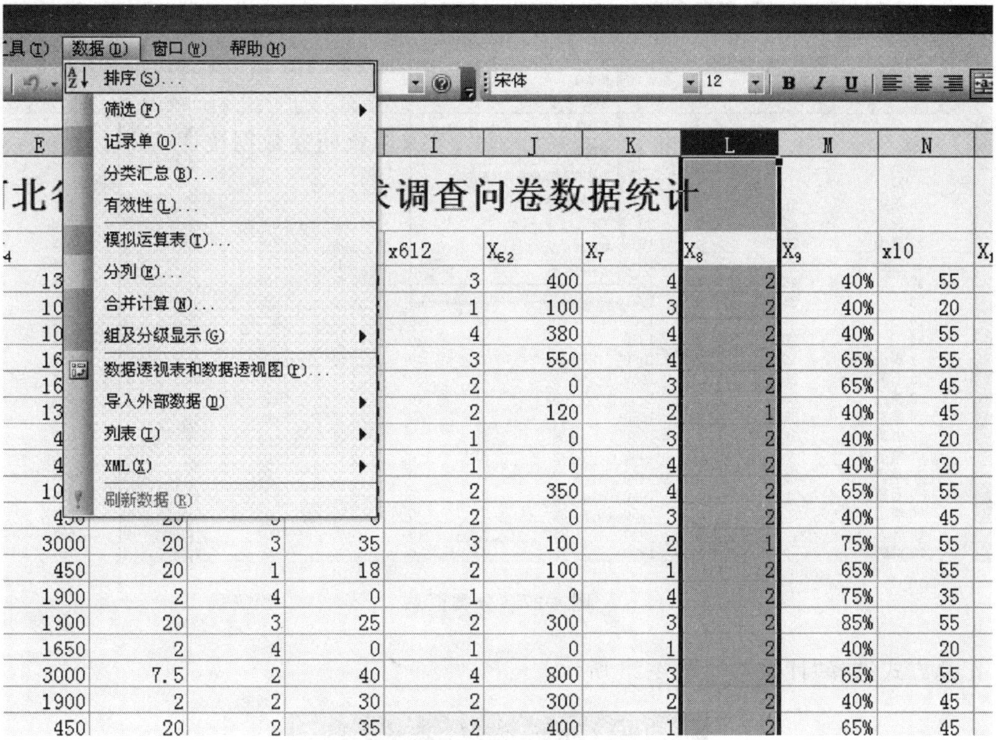

图 4-25 排序

接着会跳出对话框,如图 4-26 所示。

图 4-26 对话框

选择需要排序的变量后点击"确定",再对该列进行分类汇总,如图 4-27 所示。

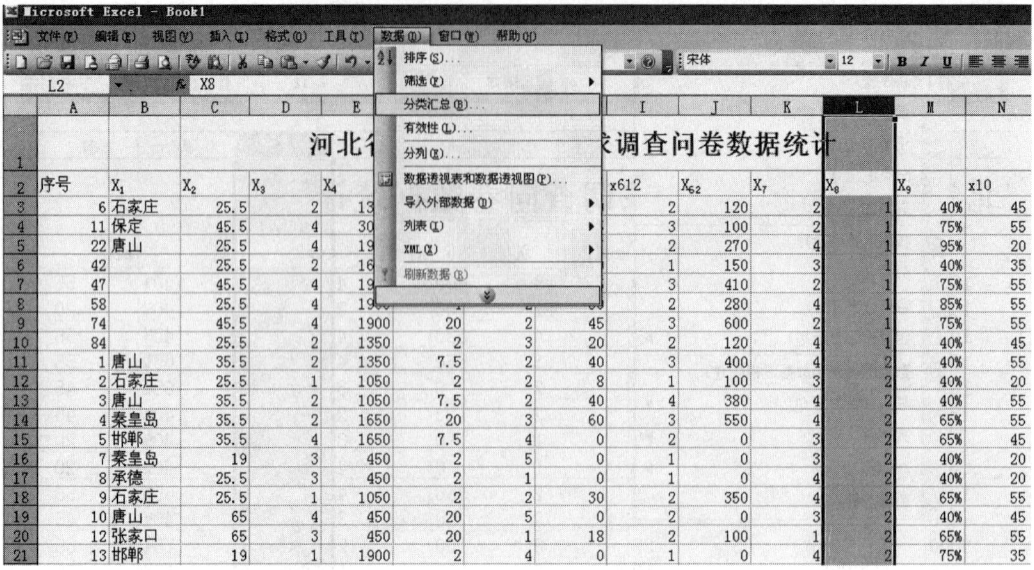

图 4-27 分类汇总

汇总方式选择"计数",如图 4-28 所示。

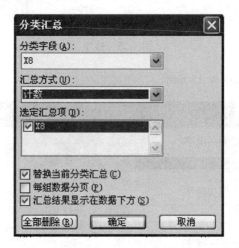

图 4-28 汇总方式

然后,可得到每一个选项的频数,如图 4-29 所示。

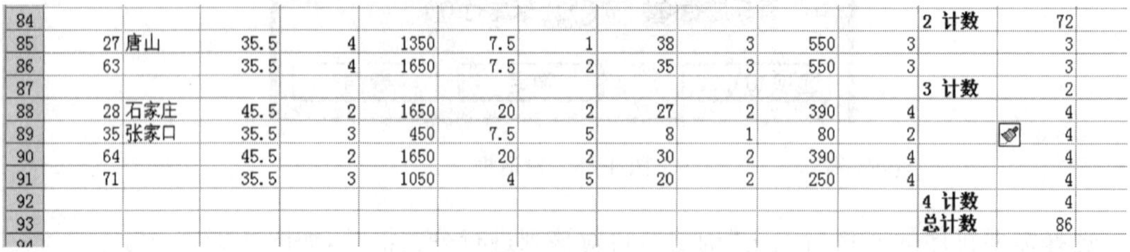

图 4-29 频数

频数用图表的形式呈现出来也很直观,如图4-30所示。

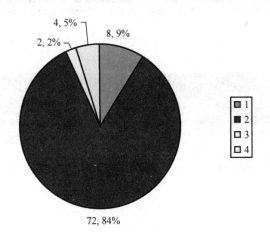

图 4-30　频数用图表的形式呈现

Eviews、SPSS等统计软件在进行统计分析时很有优势,现在用Eviews 6.0软件进行数据分析。手工录入数据时,需要先创建一个工作文件,例如,要对愿意租赁住房面积(X_{10})和家庭月人均收入(X_4)这两个变量进行分析,就要创建一个含有X_{10}和X_4两个变量共86个观测值的工作文件。依次点击"File"→"New"→"Workfile",如图4-31所示。

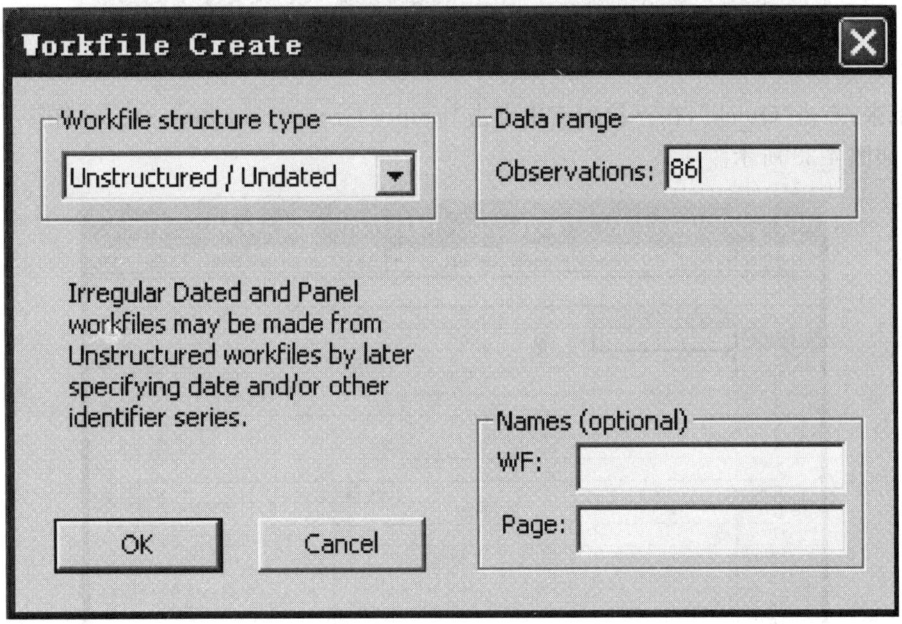

图 4-31　创建工作文件

选择观测值的结构类型为"Unstructured/Undated",观测值数量设置为86,点击确认后即可打开一个工作文件,如图4-32所示。

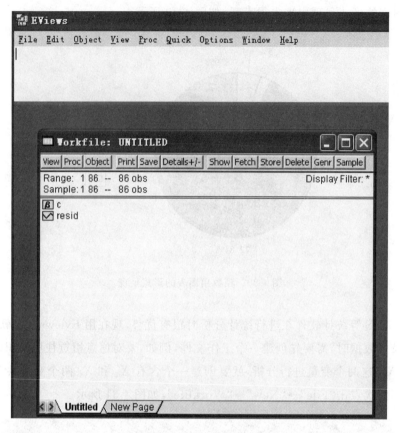

图 4-32 工作文件

接下来,点击"Quick",在下拉列表中点击"Empty Group(Edit Series)",将打开一个空白的表格,如图 4-33 所示。

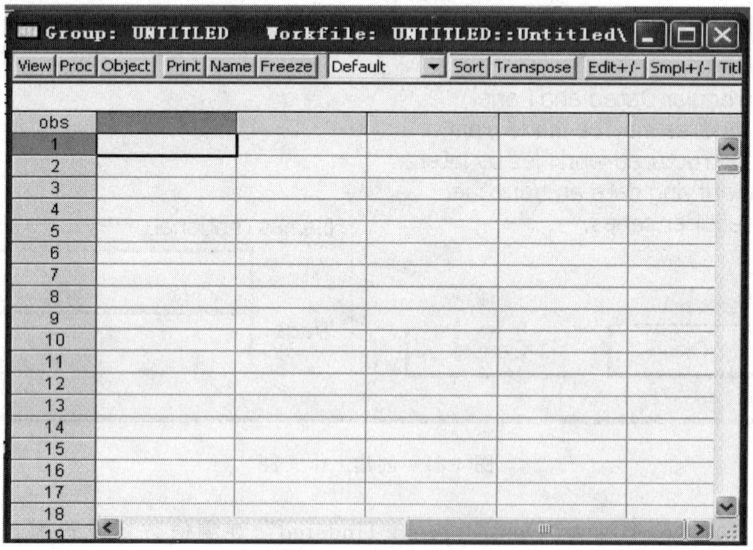

图 4-33 空白的表格

这样就可以在空白的表格上输入数据了。如果已经将数据录入了 Excel 表，则可以直接导入 Excel 文件。操作方法大致为：在工作文件创建之后，点击"File"→"Import"→"Read Text-Lotus-Excel"，在跳出的对话框中选择你要导入的 Excel 文件即可。

此时要观察序列数据的特征就非常简单了，点击"Quick"→"Series Statistics"→"Histogram and Stats"后，跳出对话框，如图 4-34 所示。

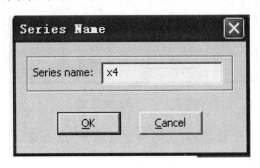

图 4-34 对话框

输入你要观察的变量后点击确定，就会输出观察结果，如图 4-35 所示。

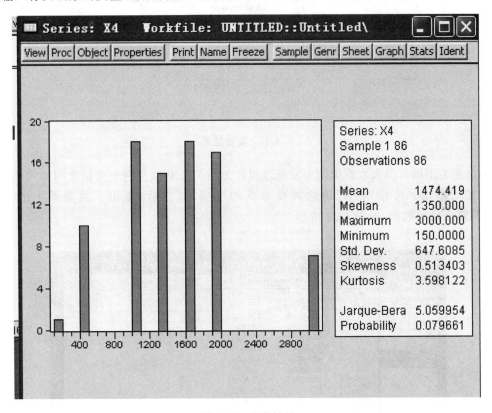

图 4-35 观察结果

根据以往经验和所学的经济学理论，我们认为愿意租赁住房面积（X_{10}）和家庭月人均收入（X_4）这两个变量之间存在一定的相关性，因此我们可以进行相关性分析，点击"Quick"→"Group Statistics"→"Correlations"，输出对话框，如图 4-36 所示。

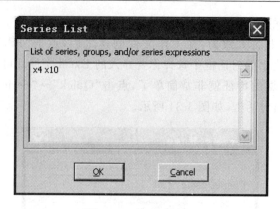

图 4-36　输出对话框

此时，输入你要分析的变量，变量之间用空格隔开，点击确认后会输出结果，如图 4-37 所示。

	X4	X10
X4	1.000000	0.325167
X10	0.325167	1.000000

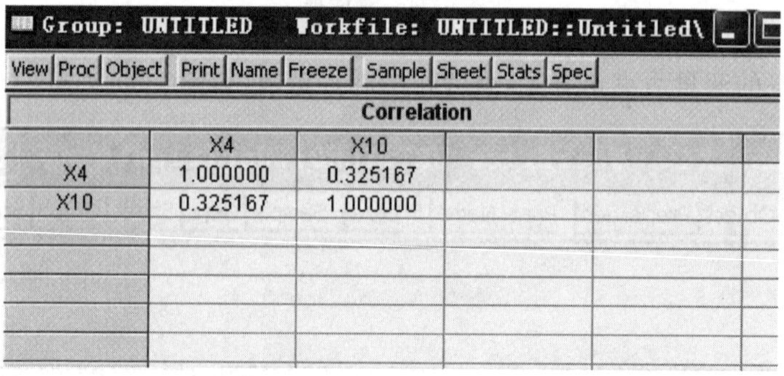

图 4-37　输出结果

通过相关图则可以大致看出两个变量之间有无相关关系以及两个变量之间相关的形式、方向和密切程度。按住“Ctrl”键选择要分析的变量，双击后，点击下拉菜单中的“Open Group”，则会跳出数据，如图 4-38 所示。

obs	X10	X4
1	55.00000	1350.000
2	20.00000	1050.000
3	55.00000	1050.000
4	55.00000	1650.000
5	45.00000	1650.000
6	45.00000	1350.000
7	20.00000	450.0000
8	20.00000	450.0000
9	55.00000	1050.000
10	45.00000	450.0000
11	55.00000	3000.000
12	55.00000	450.0000
13	35.00000	1900.000
14	55.00000	1900.000
15	20.00000	1650.000
16	55.00000	3000.000
17	45.00000	1900.000
18	45.00000	450.0000
19	20.00000	1050.000
20		

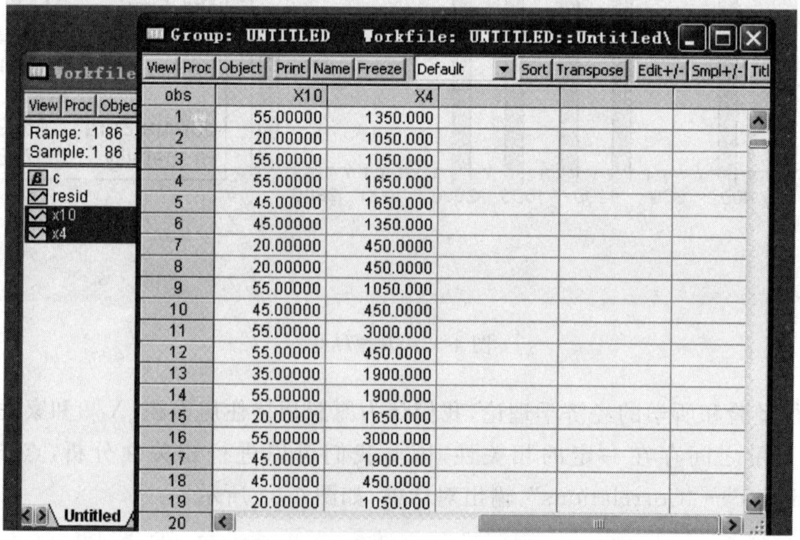

图 4-38　跳出数据

点击"Quick"→"Graph",弹出对话框,将要处理的变量输入对话框,点击确认后会再次出现对话框,选择想要绘制的图表类型,点击确认后图形绘制就完成了(绘制的图形如图4-39所示)。

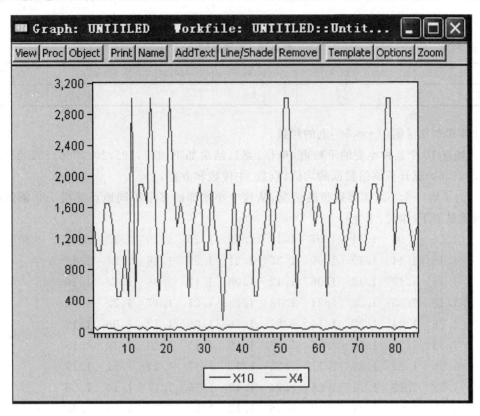

图4-39 绘制的图形

学习反思 | 5个赞赏

首先,将团队与个人学习目标进行逐一对比,以清单列表或思维导图分解出已完成和未完成两部分;然后,用3~5个关键词描述自己团队在完成这项任务中未能解决的问题与所遇障碍;最后,对照最佳团队,归纳自己团队未完成部分的主要原因与对应责任,提交反思报告。

问题与障碍:

单元测验Ⅰ 5个赞赏(建议在40分钟内完成)

1. 一个容量为20的样本数据,分组后的组距和频数如表4-10所示。

表4-10 组距和频数

组距	(10,20]	(20,30]	(30,40]	(40,50]	(50,60]	(60,70]
频数	2	3	4	5	4	2

计算样本在区间$(-\infty,50]$上的频数。

2. 抽查10个品种小麦的千粒重(单位:克),结果如下:187,195,204,230,232,238,240,248,250,256。试计算该组数据的均值、众数、中位数和方差。

3. 为了解一个小水库养殖鱼的情况,从这个小水库的多个不同地点捕捞100条鱼,称得它们的质量如下(单位:千克):

```
1.15  1.04  1.11  1.07  1.10  1.32  1.25  1.19  1.15  1.21
1.18  1.14  1.19  1.09  1.25  1.21  1.29  1.16  1.24  1.12
1.16  1.17  1.14  1.06  1.12  1.08  1.17  1.06  1.13  1.10
1.13  1.35  1.28  1.21  1.18  1.24  1.21  1.17  1.22  1.12
1.26  1.24  1.32  1.19  1.27  1.16  1.05  1.12  1.08  1.11
1.33  1.26  1.20  1.16  1.22  1.19  1.15  1.20  1.19  1.15
1.26  1.22  1.23  1.17  1.25  1.13  1.17  1.24  1.21  1.17
1.22  1.12  1.12  1.26  1.24  1.12  1.16  1.17  1.14  1.06
1.12  1.08  1.24  1.12  1.16  1.16  1.22  1.19  1.15  1.20
1.12  1.16  1.17  1.14  1.20  1.18  1.24  1.21  1.17  1.26
```

(1) 根据上述样本,估计这个小水库的鱼的平均质量?

(2) 在上述100条鱼的身上都分别做一记号,然后放回水库。几天后,又从这个小水库多个不同地点捕捞120条鱼,其中带记号的鱼只有8条,试估计这个小水库养了多少条鱼?这个小水库鱼的总产量(即鱼的总质量)是多少千克?

4. 已知如下数据:

```
1.36  1.49  1.43  1.41  1.37  1.40  1.32  1.42  1.47  1.39
1.41  1.36  1.40  1.34  1.42  1.42  1.45  1.35  1.42  1.39
1.44  1.42  1.39  1.42  1.42  1.30  1.34  1.42  1.37  1.36
1.37  1.34  1.37  1.37  1.44  1.45  1.32  1.48  1.40  1.45
1.39  1.46  1.39  1.53  1.36  1.48  1.40  1.39  1.38  1.40
1.36  1.45  1.50  1.43  1.38  1.43  1.41  1.48  1.39  1.45
1.37  1.37  1.39  1.45  1.31  1.41  1.44  1.44  1.42  1.47
1.35  1.36  1.39  1.40  1.38  1.35  1.42  1.43  1.42  1.42
1.42  1.40  1.41  1.37  1.46  1.36  1.37  1.27  1.37  1.38
1.42  1.34  1.43  1.42  1.41  1.41  1.44  1.48  1.55  1.37
```

(1) 列出上述数据的频率分布表。

(2) 画出频率分布直方图。

(3) 采用多种指标分析该组数据的集中趋势。
(4) 判断该组数据的总体分布是否接近于正态分布。

Ⅶ 拓展学习｜5个赞赏

(1) 认真学习一种常用的统计分析软件,会利用该软件进行基本的数据分析。
(2) 登陆重庆统计信息网,利用历年重庆市统计年鉴的数据,分析重庆城镇非私营单位对劳动力的需求状况。

Ⅷ 下一个工作任务｜5个赞赏

预习"项目工作任务5 撰写调研报告",使用雨课堂预习老师推送的教学资料,与自己所在的调研团队成员交流探讨如何开展新的行动任务。

项目任务 5　撰写调研报告

任务单

在"大众化教育"取代"精英教育",不断扩招的十年来,高校毕业生人数由 1999 年的近 90 万人增长到 2011 年的近 671 万人,其中高职生已占半数以上。但在 700 余所高职院校中,毕业生就业率仅为 50.1%。高职院校本是专业技能人才的孵化器,但是是什么原因导致其毕业只有一半的就业率呢?如果就业的增长率长期大幅低于高职教育规模的增长率,那么高职毕业生今后就业难的显性问题将会反过来掣肘高职教育的发展。

与"就业难"形成鲜明对比的是中小企业"用工荒"。"用工荒"与"就业难"能如此矛盾地存在,说明需求与供给之间存在明显的鸿沟。为了摸清中小企业的用人需求、用人标准以及企业工作岗位所需的知识能力结构,调研公司及相关院校正在计划调研中小企业对高职应届毕业生的人才需求现状,以期在企业和学校之间真正能够架起一座桥梁,使"用工荒"与"就业难"的天堑变通途。

任务:"中小企业对高职应届毕业生的人才需求现状"的调研工作已接近尾声。面对数据分析师们提供的分析统计结果,结合当下高职毕业生就业难的社会现象,调研人员需要分析出企业、学校、学生现存的问题,找出原因,研究规律,提出办法,并撰写调研报告。

Ⅰ 真实任务练习

任务解析 | 5个赞赏

教师分析任务需求：
确定的撰写报告团队；
撰写报告的知识和技能及经验；
调研资料统计分析结果。

教师提出任务要求：
学习者自由组合为5～8人的调研团队，网上收集二手资料，查找调研报告的结构、撰写方法及注意事项。
整理资料统计分析结果，提炼观点，参照调研报告的基本形式，撰写"中小企业对高职应届毕业生的人才需求现状"的调研报告。

调研团队对任务单中问题的理解：

根据团队表现对其进行等级评价： ＋赞 ☆☆☆☆☆　　　　分享/转发 ☆☆☆☆☆

教师对任务单中问题的理解：

调研报告是市场调研成果的集中表现,而撰写调研报告是市场调研的最后一步。同时,调研报告在调研数据的基础上加入研究人员的理性分析,能更好地阐述事物的本质。应对调研收集的第一手资料以及与之相应的二手资料进行分析,写出调研报告。调研报告依据的数据要完整、可靠,分析要有条不紊,针对提出的问题的解决措施要有针对性。同时,应做到调研报告符合规范。

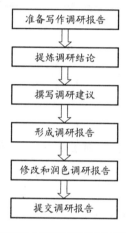

拟定学习目标　｜　5个赞赏

课程学习目标：

通过课程学习能够围绕调研主题确定调研报告的主要内容和表现形式,能够充分运用调研数据的统计分析结果,针对受众撰写对其经营活动有指导作用的调研报告,识记调研报告的撰写格式、撰写步骤与撰写形式,还能够在调研分析过程中依据调研资料将分析研究中发现的问题、揭露的矛盾、找出的原因、提出的办法等形成高质量有效力的调研报告。课程学习的结果是提交一份符合调研主题的调研报告。

个人学习目标：

编制团队工作(学习)计划 | 5个赞赏

月　日－月　日，　年

27 周日	28 周一	29 周二	30 周三	31 周四	1 周五	2 周六

27 周日	28 周一	29 周二	30 周三	31 周四	1 周五	2 周六

Ⅱ 智慧教学

(1)"雨课堂"手机版课件如下所示。

(2)在计算机上使用时,"雨课堂"的课件编辑功能如下所示。

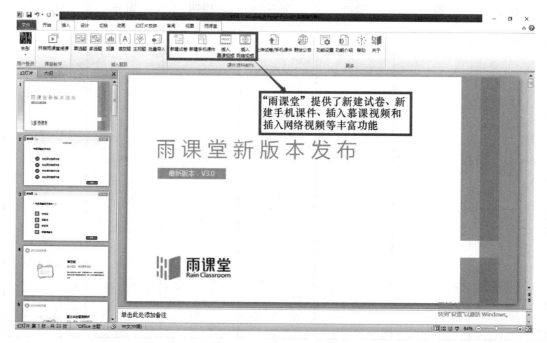

Ⅲ 破冰游戏

6～8人结成小组,以小组为单位进行比赛。教师让每组成员站成一个向心圈。每个人先举起你的右手,握住对面那个人的手;再举起你的左手,握住另外一个人的手;在不松开手的情况下,想办法把这张乱网解开。教师应告诉大家一定可以解开,但最终会有两种情况:一种是形成一个大圈;另一种是形成两个套着的环。如果过程中实在解不开,教师可允许学员相邻的两只手断开一次,但再次进行游戏时必须马上封闭。最终以解开手链时间最短的小组获胜。用时最长的小组应介绍撰写调研报告的基本思路。

Ⅳ 知识技能学习

1. 调研报告的写作准备

(1) 明确市场调研的目的、方法和实施情况

每一个市场调研报告都有明确的撰写目的和针对性,即可以反映情况、指出原因、提出建议,从而帮助社会或企业的决策部门制订或调整某项决策服务。

【例1】 某公司要通过一项市场调研来了解相关产品的市场供求现状及趋势,以作为其决定产品策略时的参考依据,那么这就要求该项市场调研报告的撰写应立足于反映相关产品的市场供求状况并发掘造成这种状况的原因,从中探寻产品市场发展趋势,提出公司所应采取的对策建议等。

除了明确市场调研目的以外,一份完整的市场调研报告还必须交代该项市场调研所采用的方法,如选样、资料收集、统计整理是怎样进行的等;还必须陈述该项市场调研具体的实施情况,如有效样本数量及分布、操作进程等。

【思考】 结合任务单,明确"中小企业对高职应届毕业生的人才需求现状"调研背景中调研的目的、方法和实施情况。

(2) 落实写作材料

这是撰写市场调研报告的基础和中心准备工作。整理与本次调研有关的一手资料和二手资料,不仅如此,还必须对所取得的各种相关资料加以初步的鉴别、筛选、整理以及必要的补充,从质量上把好关,争取使撰写材料具有客观性、针对性、全面性和时效性。

【思考】 结合任务单,梳理"中小企业对高职应届毕业生的人才需求现状"调研所需的所有材料。

(3) 确定报告类型及阅读对象

调研报告有多种类型,如一般性报告、专题性报告、研究性报告、说明性报告等。一般性报告就是对一般调研所写的报告,其要求内容简单明了,对调研方法、资料分析整理过程、资料目录等作简单说明,结论和建议可适当多一些。专题性报告是为特定目的进行调研后所写的报告,要求报告详细明确,中心突出,对调研任务中所提出的问题作出回答。为企业所做的调研,一般情况下,我们用的是一般性报告和说明性报告。

调研报告还必须明确阅读对象。阅读对象不同,他们的要求和所关心的问题的侧重点也

不同。例如,如果调研报告的阅读者是公司的总经理,那么他主要关心的是调研的结论和建议部分,而不是大量的数字分析等;如果阅读者是市场研究人员,那么他想要了解的是这些结论怎么得来的,是否科学、合理,那么,它更关心的就是调研所采用的方式、方法,数据的来源等。所以,在撰写调研报告前要根据具体的目的和要求来决定调研报告的风格、内容和长短。

【思考】 结合任务单,试确定"中小企业对高职应届毕业生的人才需求现状"调研报告的类型及阅读对象。

(4) 构思调研报告

撰写调研报告前,最核心的准备工作就是要拟定写作提纲,对报告格式和内容的安排有一个明确的思路。在确定写作提纲时要考虑以下两方面问题:

第一,参考调研方案的调研目的,以实现调研目的为核心,撰写调研报告。

第二,如果是受委托的调研,应根据合同把委托方的问题具体化。

通过调研所收集的资料,初步认识调研对象,经过判断推理,提炼出调研报告主题。在此基础上,确立观点,列出论点和论据,考虑文章的内容与结构层次,拟定提纲。

【例2】 晶荟地产(重庆)满意度调研报告提纲(局部)

晶荟地产(重庆)满意度调研报告提纲(局部)如下:

管理层摘要 ······ 1
1. 调研说明 ······ 1
   1.1 调研内容 ······ 6
   1.2 调研样本量及调研方式 ······ 6
   1.3 评价体系 ······ 6
2. 品牌形象调研 ······ 7
   2.1 晶荟品牌知名度 ······ 7
      2.1.1 晶荟地产现状 ······ 7
      2.1.2 晶荟地产企业形象 ······ 8
      2.1.2 晶荟地产品牌地位 ······ 8
   2.2 晶荟地产业主品牌忠诚度 ······ 9
3. 总体满意度分析 ······ 10
   3.1 总体满意度 ······ 10
   3.2 客户满意度 ······ 10
      3.2.1 各分项满意度 ······ 11
      3.2.2 销售案场 ······ 11
      3.2.3 销售服务 ······ 12
      3.2.4 楼盘规划设计 ······ 12
   3.3 业主满意度 ······ 13
      3.3.1 各分项满意度 ······ 13
      3.3.2 规划设计 ······ 13
      3.3.3 工程质量 ······ 14
      3.3.4 物业管理 ······ 15
4. 各楼盘满意度比较 ······ 17
   4.1 客户满意度比较 ······ 17
   4.2 业主满意度比较 ······ 17
     ······

【动起来】

结合上一阶段调研资料统计分析的结果,试着拟定调研报告写作提纲(调研背景是"中小企业对高职应届毕业生的人才需求现状"的调研背景)。

学习笔记/评论

学习本知识技能点后,对其等级评价:　＋赞 ☆☆☆☆☆　　　分享/转发 ☆☆☆☆☆

2. 提炼调研结论

提炼调研结论是指在综合分析调研数据的基础上,提炼出主要观点。可以从以下几方面提炼结论:

1) 调研中发现的问题;
2) 揭露的矛盾;
3) 产生某种现象的原因;
4) 揭露现象背后的规律。

提炼的调研结论应该明确,应准确无误地表达清楚所涉及概念的外延与内涵,避免出现空洞、含糊的结论。

【例3】 某慈善事业调研分析报告的结论如下:

① 消极印象并不是影响捐赠与否的主要因素,积极印象也不一定会转化为捐赠行动。
② 非捐赠者缺少关于该组织的足够信息。
③ 被调研者对该组织及其所属组织缺乏了解。
④ 被调研者认为该组织在管理上花费了过多的捐赠资金。
⑤ 该组织在竞争有限的捐赠资金。

【动起来】

结合调研资料统计分析的结果,试着提炼调研结论(调研背景是"中小企业对高职应届毕业生的人才需求现状"的调研背景),可参见范例5-1。

学习笔记/评论

学习本知识技能点后,对其等级评价:　＋赞 ☆☆☆☆☆　　　分享/转发 ☆☆☆☆☆

3. 撰写调研建议

调研报告的建议部分是市场调研目的的体现,要在调研结论的基础上,结合相关背景提出具体的建议和措施供决策者参考。要注意建议的针对性和可行性,能够切实解决问题。

【例4】 针对例3的调研结论得出的建议:
① 做进一步的调研,以确定非捐赠者对该组织及其服务宗旨的了解程度。
② 向潜在捐赠者提供有关该组织的宗旨、所支持的组织等方面的信息。
③ 增加在工作场所开展宣传活动的频率,运用各种途径来增加公众对捐赠方法的了解。
④ 该组织应制订适度竞争的营销策略来应对竞争对手。

学习笔记/评论

学习本知识技能点后,对其等级评价: ＋赞 ☆☆☆☆☆　　　　分享/转发 ☆☆☆☆☆

---

4. 形成调研报告

市场调研报告撰写原则与要求如下:
① 撰写原则
- 坚持实事求是的原则;
- 符合市场规律及各项政策规定的原则。

② 撰写要求
- 以调研资料为依据,做到调研资料与观点相统一;
- 表达意思要准确。

市场调研报告一般由封面、目录、摘要、正文、附件等几部分组成。

(1) 封面

封面包括市场调研题目、报告日期、委托方、调研方,这些一般应打印在调研报告的扉页上。

【例5】 市场调研报告封面示例如下:

```
       ×××化妆品消费者调研分析报告

    调研单位_____
    通讯地址_____
    电   话_____
    E-mail_____
    报告提出日期_____
    报告主送单位_____
```

市场调研报告标题一般有两种构成形式。

① 公文式标题

公文式标题由调研对象和内容、文种名称组成,如"关于2017年重庆市服装销售情况的调研报告"。实践中常将调研报告简化为"调研",这也是可以的。

② 文章式标题

文章式标题用概括的语言形式直接交代调研的内容或主题,如"重庆市城镇居民潜在购买力动向"。实践中,这种类型的调研报告的标题多采用双题(正副题)的结构形式,这样更为引人注目,富有吸引力。所谓双标题,就是两个标题,即一个正题、一个副题。正题使用文章式标题,而副题使用公文式标题,如"造福子孙后代——陈家桥镇沿河环境治理情况调研""市场在哪里——重庆地区红岩轻型客车用户调研"等。

(2) 目录

如果调研报告的内容、页数较多,为了方便读者阅读,应当使用目录或索引形式列出报告所分的主要章节和附录,并注明标题、有关章节的页码。一般来说,目录的篇幅不宜超过一页。

【例6】 市场调研报告目录示例:

摘要
1 调研概况 …………………………………………………………………………… 1
  1.1 研究背景及目的 ………………………………………………………………… 3
  1.2 研究内容 ………………………………………………………………………… 4
2 研究方法 …………………………………………………………………………… 6
3 消费者调研结果 …………………………………………………………………… 8
  3.1 ×××× …………………………………………………………………………… 9
  3.2 ×××× …………………………………………………………………………… 12
  3.3 ×××× …………………………………………………………………………… 15
4 零售商调研结果 …………………………………………………………………… 19
  4.1 ×××× …………………………………………………………………………… 21
  4.2 ×××× …………………………………………………………………………… 25
  4.3 ×××× …………………………………………………………………………… 28
5 结论及建议 ………………………………………………………………………… 30
附录一 消费者调研问卷 ……………………………………………………………… 32
附录二 消费者调研问卷的原始统计数据 …………………………………………… 33
附录三 零售商调研问卷 ……………………………………………………………… 36
附录四 零售商调研问卷的原始统计数据 …………………………………………… 40

(3) 摘要

摘要主要阐述课题的基本情况,它是按照市场调研的顺序将问题展开,并阐述对调研的原始资料进行选择和评价、作出结论、提出建议的原则等,主要包括三方面内容:

① 简要说明调研目的,即简要地说明调研的由来和委托调研的原因。

② 介绍调研对象和调研内容,主要包括调研时间、地点、对象、范围、要点及调研对象所要回答的问题。

③ 简要介绍调研的方法,对方法的介绍有助于让人确信调研结果的可靠性,因此要对所用方法要进行简短叙述,并说明选用该方法的原因。

【例7】 某房地产公司客户满意度调研报告的摘要如下:
- 晶荟地产品牌认知度及忠诚度较高。

调研数据显示,94%被调研者了解晶荟地产,对晶荟地产企业形象的评价达到79.04分;业主忠诚度也较高,被调研业主再次购买晶荟地产开发的楼盘可能性达到54.30分,向亲戚朋友推荐晶荟地产开发的楼盘的可能性达到63.99分。

- 晶荟地产总体满意度为75.87分,客户和业主满意度差异大。

晶荟地产总体满意度为75.87分,其中,业主满意度为70.31分,客户满意度为81.42分,两者差距较大。从客户满意度来看,晶荟国际温泉城为81.47分,晶荟半岛为81.37分,两者相差0.1分;从业主满意度来看,晶荟半岛略高,为70.37分,晶荟国际温泉城为70.25分,低于晶荟半岛0.12分。

- 客户满意度中销售服务满意度最高。

从各分项客户满意度来看,销售服务满意度最高,为84.44分,而销售案场为84.0分,楼盘规划设计为79.52分;从楼盘来看,晶荟国际温泉城及晶荟半岛销售服务满意度最高,楼盘规划设计满意度最低。

- 业主满意度中物业管理满意度最高。

从各分项业主满意度来看,物业管理满意度最高,为72.26分,其次是规划设计,为71.5分,工程质量得分为69.12分;从楼盘来看,晶荟国际温泉城物业管理满意度最高,工程质量满意度最低,而晶荟半岛规划设计满意度最高,工程质量满意度最低。

【动起来】

根据调研项目的基本情况,试着完成调研报告摘要部分的撰写(调研背景是"中小企业对高职应届毕业生的人才需求现状"的调研背景)。

学习笔记/评论

学习本知识技能点后,对其等级评价: ╋赞 ☆☆☆☆☆　　　　分享/转发 ☆☆☆☆☆

---

(4)正文

正文一般分开头、主体、结尾三部分。

开头一般有三种写法:

第一种是交代调研活动的基本情况,这是最常用的一种开头,如"2001年10月起,我们用几个月的时间到山东、安徽、江苏、内蒙古、辽宁、湖北、湖南、广东、浙江和北京、天津、上海九省三市,对纺织品的市场动向进行了较系统的调研。通过对未去的省、市函寄调研提纲,也收到了一些信息"。这样的开头写明了调研的起因或目的、时间和地点、对象或范围、经过与方法等情况。

第二种是写明调研对象的历史背景、大致发展经过、现实状况、主要成绩、突出问题等基本情况,例如,"乳山市西里村大队实行果园承包的调研报告"的开头为"山东乳山市夏村乡西里村地处集镇。全村共145户,360口人。党的十一届三中全会以来,这个村的农村的粮食生产等产业得到了全面发展"。

第三种是开门见山,直接概括出调研的结果,如指出问题、提示影响、说明中心内容等,如"2010年9月我们对2009级营销策划专业的学生进行了有关心理障碍调研研究,目的是为了针对性地对学生进行健康教育,矫正疏导学生各种不良心理,使学生健康成长"。这样的开头起到画龙点睛的作用,精练概括,直切主题。

主体是调研报告最主要的部分,这部分详述调研研究的基本情况、做法、经验,以及分析从调研研究所得材料中得出的各种具体认识、观点和基本结论。主体的写作要做到以下几点:

第一,观点明确。必须准确无误地表达清楚全部概念的内涵,这样,在选择和使用材料时,才能在内容、性质及范围等方面与观点相吻合,符合观点的要求。

第二,材料充分。明确的观点必须有充分的材料作为依托,才能言之有理,使人信服。材料充分就是指要用事实说话,用充足的数字材料、案例材料、对比材料等从多方面、多角度支撑观点。

第三,分析具体。要明确观点,不仅要提供充分的材料,还要建立观点和材料间的联系,要结合材料阐述观点,通过分析,把材料和观点结合在一起。但是,观点的阐述不能空洞,要以具体的材料为依据,用事实证明观点。

第四,结构合理。主体结构的安排要做到线索清楚,层次分明,使主体结构能够反映事物本身的逻辑。主体结构安排主要有按时间顺序安排、按材料性质安排和按逻辑关系安排三种方式。

结尾部分是调研报告的结束语,好的结尾可使读者明确题旨,加深认识,启发读者思考和联想。结尾一般有三种形式:

- 概括全文。经过层层剖析后,综合说明调研报告的主要观点,深入文章的主题。
- 形成结论。在对真实资料进行深入细致的科学分析的基础上,得出报告结论。
- 提出看法和建议。通过分析,形成对事物的看法,在此基础上,提出建议和可行性方案。提出的建议必须能使读者确实掌握企业状况及市场变化,并有付诸实行的可能性。

【动起来】

结合提炼的调研结论和撰写的调研建议,试着完成调研报告正文部分的撰写(调研背景是"中小企业对高职应届毕业生的人才需求现状"的调研背景)。

学习笔记/评论

学习本知识技能点后,对其等级评价: ＋赞 ☆☆☆☆☆　　　　分享/转发 ☆☆☆☆☆

---

(5) 附件

附件是指调研报告正文包含不了或没有提及,但与正文有关且必须附加说明的部分。它是对正文报告的补充或更详尽的说明。

5. 修改和润色调研报告

在初稿完成后,调研小组人员可以针对初稿的内容、结构、用词等方面进行多次审核和修改,确认报告言之有理,持之有据,观点明确,表达准确,逻辑合理。在定稿前也可以以会议的形式,将整个报告或报告的若干部分拿出来与有关人员进行沟通,从而从中得到有用信息,提高报告的质量。

可从以下几方面审核调研报告:

(1) 报告的标题是否简洁、明了、富有吸引力并且能揭示调研主题的内容。

(2) 报告主体各部分内容与主题的连贯性如何,有无修改和增减。

(3) 是否处理好了篇幅和质量的关系。

(4) 资料的取舍是否合理。报告中如果采用了大量与目标无关的资料,会使报告内容不是很紧凑,同时也可能会造成报告篇幅过长。

(5) 是否对图表资料作了充分的解释和分析。对于用于推断调研结论的论据资料,特别是图表资料,如果只是将图表和数据展示出来而不做解释,必然引起报告使用者对这些图表和数据的怀疑,进而影响报告本身的可信度。

(6) 所推断出的结论是否科学,论据是否确凿,审核所提建议是否可行。所提建议不可行是指在报告中提出的建议对报告使用者来说是根本行不通的。这种问题的出现大都是由于撰写者不是十分了解企业的情况,或者对市场的判断过于轻率。

【例8】 某调研报告的结论为:经调研和分析,企业只需要对一个目标市场增加15万元的促销费就可达到企业的营销目标。这个结论作为一项建议被提出来了,即建议企业对每一个目标市场增加15万元的促销费,但该建议是不可行的,因为它超过了企业的财务承受能力。在遇到这类情况时,如果报告撰写者对企业有比较深入的了解,就会将这个结论与其他方面综合起来考虑,因为要达到企业的营销目标并不完全取决于企业对每一个目标市场增加15万元的促销费这一方法,最好是能找到一个既在企业财务承受能力之内又能达到企业营销目标的可行建议。

(7) 是否过度使用定量技术。定量技术的使用肯定会提高市场调研报告的质量,但使用量必须适可而止。过度使用定量技术会降低报告的可读性,容易造成报告使用者阅读疲劳和引发对报告合理化的怀疑。当报告使用者是一位非技术型营销经理时,他还会拒绝一篇不易理解的报告。

(8) 报告的重点是否突出,报告的顺序安排是否得当。每个问题在全篇报告中占有的篇幅和位置,须与问题本身的重要程度相一致。报告的顺序可以采用以下结构:①纵式结构,即按照被调研者发生、发展的先后顺序或被调研者的演变过程安排材料;②横式结构,即按照材料的性质和逻辑关系归类,从不同的侧面、角度,并列地将材料组成几个问题或几个方面,还可以加上小标题,逐一地报告各方面的情况。

(9) 语言表述是否做到严谨、简明和通俗。①严谨。它体现在选词造句精确,分寸感强。在报告中不能使用"可能""也许""大概"等含糊的词语,而且还要注意在选择使用表示强度的副词或形容词时,要把握词语的差异程度。例如,"有所反应"与"有反应","较大反响"与"反应强烈","显著变化"与"很大变化"之间是有差别的。②简明。在叙述事实情况时,力争以较少的文字清楚地表达较多的内容,要毫不犹豫地删除一些不必要的词句。能用一句话说明的,不用两句话;能用一个字说明的,不用两个字。③通俗。调研报告的行文要求自然流畅,尽量选用常见的词句,避免使用晦涩难懂的和专业技术性强的术语。

6. 提交调研报告

调研报告在征得各方意见并对其进行修改后就可以定稿并提交。

(1) 以书面方式提交

调研人员将定稿后的调研报告打印为正式文稿,而且对报告中所使用的字体、字号、字的颜色、字间距等进行细心的选择和设计,文章的编排要求大方、美观,这样有助于阅读。另外,调研报告应该使用质地较好的纸张打印、装订,封面应选择专门的封面用纸,封面上的字体大小、空白位置应精心设计。因为,粗糙的外观或一些小的失误和遗漏都会严重地影响阅读者的兴趣,甚至信任感。市场调研报告的打印格式要求如下:

1) 字体要求

① 摘要。标题:宋体,三号字体,加粗。摘要的内容:宋体,小四号字体。关键词:若有3个关键词,用小四号宋体,加粗;若有3~8个关键词,用小四号宋体。

② 目录。目录二字:宋体,三号,加粗,中间空一格。目录中的内容:宋体,小四号字体。

③ 正文。一级标题:宋体,小四号字体,加粗。二级及以下标题及正文:宋体,小四号字体。

④ 参考文献。参考文献四字:宋体,三号字体,加粗。参考文献中的内容:宋体,小四号字体。

2) 排版格式

① 一级标题使用一、二、三标注;二级标题使用(一)、(二)、(三)标注;三级标题使用1、2、3、4标注。

② 正文内注释均放于当前页的最底下,页下注释超过一个以上时,用阿拉伯数字按顺序标出。

③ 行间距设为1.5倍。页面设置:上 2.54 cm,下 2.54 cm,左 3.17 cm,右 3.17 cm;页眉 1.5 cm,页脚 1.75 cm。

④ 摘要、目录、正文需设计"页眉"。页眉为调研报告的题目,字体为小五号宋体,字体格式为居中。

⑤ 摘要、目录无页码。正文从第一页开始到附录最后一页都要连续编写页码。

⑥ 封面无页眉、无页码。目录中各个标题的内容和页码要与正文各标题的内容和页码保持一致。

⑦ 封面、摘要、目录、正文、参考文献、附录等都要另起一页,这些页面均为单页。

如果调研项目是由客户委托的,则往往会在报告的目录前面附上提交信(即一封致客户的提交函)和委托书(即在项目正式开始之前客户写给调研人员的委托函)。一般来说,提交信中可大概阐述一下调研者实施项目的大致过程和体会(但不提及调研的结果),也可确认委托方未来需要采取的行动(如需要注意的问题或需要进一步做的调研工作等)。有时候,提交信还会说明委托情况。委托书中写了授权调研者负责并实施调研项目,并写清楚了项目的范围和合同的时间等。

【例9】 提交函的示例如下。

尊敬的李总裁,你好:

按照你在2010年2月9日委托书中的要求,我们已经完成了对2011年2月A型空气净化机市场销售情况的调研分析。现提交标题为"西亚公司A型空气净化机目标市场销售调研"的报告。我们对目标市场上已经成为西亚公司顾客或对空气净化机感兴趣的人(共800位)进行了现场访问、问卷调研,在报告中我们对调研数据进行了详细分析和准确描述。

我们希望你对本次调研的结果(结论和建议)感到满意,并且希望该结果对贵公司空气净化机在2011年的销售有所帮助。如你有什么问题,请立即与我们联系。

致礼!

××公司总裁　×××

(2) 以口头方式提交

绝大多数调研项目在准备和递交书面报告之前或之后都要做口头陈述,它可以简化为在报告使用者组织的地点与经理人员进行的一次简短会议,也可以正式到向董事会做一次报告。不管如何安排,有效的口头陈述均应以听众为中心。应充分了解听众的身份、兴趣爱好、教育背景等,精心安排口头陈述的内容,将其写成书面形式,可以使用各种说明情况的图表协助表达,也可以借助投影仪等辅助器材辅助展示,尽可能直观地向全体目标听众传达报告内容,以求取得良好的效果。

如有可能,应从调研人员当中抽选数人同时进行传达,各人可根据不同重点轮流发言,避免重复和单调。而且,还应该留适当时间,让听众有机会提出问题。

【动起来】

按照调研报告的修改和润色要求,试着完成调研报告的修改和润色(调研背景是"中小企业对高职应届毕业生的人才需求现状"的调研背景)。

学习笔记/评论

　

学习本知识技能点后,对其等级评价：　＋赞 ☆☆☆☆☆　　　分享/转发 ☆☆☆☆☆

V　实战演练

1. 操作步骤

第一步:教师下达任务单,介绍完成任务的目的和要求,强调撰写调研报告的实践应用价值,调动学生动手设计的积极性,同时讲解调研报告的基本结构、写作技巧和写作要求。

第二步:组建调研团队。教师将教学班的学生按每小组5~8人的标准划分成若干项目小组,每个小组指定或推选一名组长。

第三步:学生阅读调研报告的范例(见范例5-1),将其作为操作指南。

第四步:学生学习需求理论、人力资源管理等与调研项目背景相关的理论,并对资料分析结果进行整理和进一步综合分析,提炼观点,提出建议。

第五步:学生撰写调研报告。各项目小组的每位成员结合任务单的任务背景描述及调研的目的和要求,按照调研报告写作的规范,运用调研报告写作技巧以及所掌握的关于企业用人需求和标准的第一手资料,撰写一份调研报告初稿。

第六步:学生修改调研报告。各项目小组汇总个人撰写的调研报告初稿,小组讨论后,撰写出项目小组的调研报告,并通过咨询专家修改成最终稿。

第七步:教师集中安排各项目组向全班报告(PPT口头报告)。首先,各项目小组推荐发言人或组长代表本小组,借助PPT展示本团队成果,说明不足之处,接受其他团队的质询;然后,教师点评、总结;最后,全班匿名投票,评选出优胜团队,给予表扬与奖励。

2. 注意事项

(1) 教师注意要事先将教学班的学生按照自由组合或按寝室编号分成不同的项目小组,并确定小组组长,让学生以小集体的形式共同完成调研报告撰写任务。

(2) 要求每个学生根据调研报告撰写要求,对报告的内容、结构、用词等进行多次审核,要审核论据是否确凿,所提建议是否可行,还要审核整个报告的逻辑性及完整性。

(3) 切忌仅对市场调研的结果作客观的描述,要对市场调研的结果做进一步的分析与研究,要有调研人员自己的观点以及对市场研究的结果,要找出其中带有规律性的东西,以提供给相关部门,作为经济决策的参考。

(4) 切忌对市场调研结果作"空对空"的研究。市场研究必须基于市场调研的结果,如果市场研究不紧紧围绕着市场调研结果展开,空发议论,那么这种市场研究就会成为"空中楼阁"。

3. 效果评价

根据学生上课出勤、课堂讨论发言、调研报告的完成水平及PPT口头报告情况等进行评定。首先,各项目组组长对组内各成员进行成绩评定(优秀、良好、中等、及格、不及格),并填写表5-1;然后,教师对小组提交的调研报告和口头报告PPT进行点评;最后,教师综合评出各小组成绩,并按照以下公式进行加权计算,给出个人最终成绩并填写表5-2。

个人最终成绩=组长评定成绩×30%+教师评定成绩×70%

表5-1 组长评定组内成员成绩表

项目小组成员姓名	小组成员成绩/分					备注
	优秀 (90以上)	良好 (80~90)	中等 (80~90)	及格 (80~90)	不及格 (60以下)	

表 5-2　教师评定调研报告撰写及口头报告 PPT 成绩表

评价指标	分值/分	评分/分	备注
调研报告准时完成	10		
调研报告格式符合规范、材料充实并且真实	10		
前言已做设计，符合要求	10		
封面已做设计，符合要求	10		
目录已做设计，符合要求	10		
附录已做设计，符合要求	10		
PPT 制作水平	20		
口头汇报效果(仪态、语态、礼仪)	20		
调研报告的总体评价	100		

Ⅵ　分享与反思

分享｜5 个赞赏

范例 5-1　当前企业用工、招工存在的困难及未来判断——千户企业用工情况问卷调研报告

内容摘要：本文是"企业用工调研年度总报告"的主要内容，它是根据 2011 年四次"千户企业用工情况季度调研"而完成的。调研显示，2011 年以来企业用工成本持续上升，但上涨幅度逐季度下降；企业缺工现象普遍存在，不过呈现逐季度缓解的趋势；2011 年企业招工难问题依然突出，预计 2012 年企业招工难度更大，季节性和结构性特征突出。

关键词：企业用工　问卷调研　成本上升

2011 年国务院发展研究中心人力资源研究培训中心每季度组织实施一次企业用工问卷调研，全年共完成四次调研。调研以企业法人代表为主的企业经营者群体为调研对象，参考我国经济结构，按行业进行分层随机抽样。调研采用邮寄问卷的方式进行，每次回收有效问卷 1000 份左右。为使调研分析更为全面和深入，本报告对企业数量较多、用工人数比较多的"长三角""珠三角""京津冀"三大经济区域进行了分组分析，并采用了中国企业家调研系统以往的调研数据。

调研显示，总体来看，2011 年企业劳动力成本比 2010 年平均上升了 22.2%，其中"京津冀"地区企业和中小企业上升幅度相对较大。从季度走势来看，企业人工成本逐季度上升，但上涨幅度逐季度下降。近九成企业预计 2012 年人工成本仍将上涨，并预计 2012 年第一季度的上涨幅度要高于 2011 年第四季度的。

在人工成本上升的同时，2011 年企业缺工现象也普遍存在。调研发现，2011 年企业缺工持续时间累计 8.3 个月，缺工岗位主要是生产岗位，缺工的主要原因是求职农民工人数少了，选择余地小。不过随着相关政策的出台和实施，2011 年第一到第四季度企业的缺工情况呈现

逐季度缓解的趋势。

调研表明,2011年企业招工难问题依然突出,预计2012年企业招工难度将进一步增大,并且季节性和结构性特征突出,主要体现在:一方面,企业预计2012年第一季度招工难度总体比2011年第四季度有所回落,其中"京津冀"地区企业、大型企业、国有企业、非出口型企业回落较多;另一方面,"珠三角"地区企业、中型企业和外资企业预计在2012年第一季度招工难的问题会更加突出。值得注意的是,一方面,企业反映2011年缺工情况逐渐缓解;另一方面,企业预计招工将越来越难,同时企业在选择招工途径时最看重"能招到合适的人"这一点,这表明目前企业的用工需求与人力资源市场的供应存在结构性的失衡。

调研发现,2011年以来企业招工计划逐季度下降,到2012年第一季度有所回升,其中,"珠三角"地区企业、大中型企业、国有企业、出口型企业回升相对较多;2011年企业对中专、技校毕业生的需求最为迫切;2012年企业用工人数总体保持扩张趋势,其中"京津冀"地区企业、大型企业、非国有企业扩张趋势更为明显;2012年企业计划招收大学毕业生数量的增长幅度要高于招收农民工的,这也许是结构升级的需求;企业招工的最主要途径是通过老员工或熟人介绍,同时选择现场招聘会、招聘网站、人力资源服务机构的比重逐渐提高,这表明企业招工途径呈现多元化的趋势。

一、2011年企业用工总体状况

(一)企业人工成本持续上涨,但上涨幅度呈下降趋势。

调研显示,从人工成本的年度变化情况来看,认为2011年的人工成本比2010年上升的企业占95.4%,认为持平的占3.2%,认为下降的仅占1.4%,其中"珠三角"地区企业、中型企业、外商及港澳台投资企业、出口型企业认为上升的比重相对较高。

从劳动力成本的上升幅度来看,2011年企业劳动力成本比2010年平均上升了22.2%,其中,"京津冀"地区企业和中小企业上升的幅度相对较大。

企业工人的月工资情况也反映了人工成本的上涨趋势。调研显示,第二季度认为普通工人的月工资在2 000元以上的企业占42.1%,认为技术工人月工资4 000元以上的占22.9%,第三季度这两个数据分别上升到47.8%和26.1%,第四季度又上升到54.3%和30.7%,呈现逐渐上升的态势。

值得注意的是,虽然2011年以来企业人工成本持续上涨,但上涨幅度总体呈现下降趋势。调研显示,第一季度认为人工成本上升的比认为下降的多92.7个百分点,这一数据在第二季度、第三季度下降到83个百分点左右,到第四季度则进一步下降到62个百分点。其中,"长三角"和"珠三角"地区企业、中小企业和非国有企业人工成本的上涨幅度都呈现了逐季度平稳回落的趋势(见表5-3)。

表5-3 2011年企业人工成本季度变化情况 (单位:%)

企业分类	第一季度	第二季度	第三季度	第四季度
总体	92.7	83.8	83.0	62.0
"长三角"地区企业	94.6	85.4	85.7	61.9
"珠三角"地区企业	95.5	83.2	77.7	62.3
"京津冀"地区企业	83.9	82.2	86.6	67.0
其他地区企业	92.1	84.3	81.2	60.8

续表

企业分类	第一季度	第二季度	第三季度	第四季度
大型企业	88.6	72.1	84.2	57.4
中型企业	95.6	84.6	80.6	63.6
小型企业	91.0	84.2	84.5	61.3
国有企业	75.5	79.1	78.2	59.5
非国有企业（不含外资）	93.9	84.2	82.8	61.8
外商及港澳台投资企业	93.6	84.8	91.2	63.4
出口型企业	93.3	86.8	85.8	61.4
非出口型企业	91.5	81.6	79.8	62.2

（二）企业缺工情况逐季度缓解，缺工主要原因是求职农民工人数减少。

调研发现，总体来看，2011年以来企业的缺工情况依然严峻，但第一到第四季度呈现逐季度缓解的趋势。调研显示，在参加调研的企业中，第一季度有77.1%的企业表示有缺工情况，第二季度这一比重下降到72.4%，第三季度下降到70.9%，第四季度进一步下降到65%。

从企业2011年的缺工数量来看，调研显示，2011年多数企业缺工在50人以下；从缺工程度来看，2011年多数企业缺工在10%以内，其中第一季度缺工在10%以内的企业占60.5%，随后这一比重逐季度上升，这也从侧面印证了2011年企业的缺工程度逐步缓解。

从缺工岗位来看，2011年四次季度调研的数据没有太大差异：生产岗位是缺工最为严重的岗位，选择比重在八成以上，其次是技术岗位，选择比重在五成以上，管理岗位排在第三，选择比重在1/4左右，选择其他岗位的相对较少。

从缺工持续时间来看，2011年企业平均缺工持续时间为8.3个月，其中第一季度和第二季度平均缺工2个月，第三季度平均缺工2.2个月，第四季度平均缺工2.1个月。

此外，关于2011年企业缺工的主要原因，调研显示，选择比重最高的是"求职农民工人数少了，选择余地小"，在四次季度调研的中选择该项的企业均超过五成。

（三）企业招工计划逐季度下降，招工途径逐渐多元化。

从企业招工计划来看，调研显示，2011年第一季度有88.2%的企业计划招收新员工，随后这一数据逐季度下降，第二季度为82.2%，第三季度为76.1%，第四季度进一步下降到68.8%。

从计划招工人数看，2011年全年超过六成的企业计划招工人数在50人以下，其中第一季度为60.5%，第二季度上升到76.9%，第三季度下降到69.5%，第四季度又有所回升，为71.6%。这表明，2011年企业计划招工人数有一定的波动，但总体上多数企业招工人数在50人以内。值得注意的是，2012年第一季度企业计划招工人数在50人以上的比重有所上升，这说明随着第一季度的到来，企业的招工需求逐渐提高。

关于企业迫切需要的员工，调研显示，选择"农民工"的企业比重在第三季度出现回落后，第四季度和2012年第一季度又略有回升；选择"中专、技校毕业生"的企业比重从第二季度开始逐渐下降；选择"大专及本科毕业生"的企业比重相对较为平稳；选择"硕士及以上学历毕业生"的企业比重总体来看仍相对较低。

关于企业下个季度招用新员工的途径，调研显示，"通过老员工或熟人介绍"始终排在第一位,选择比重在69.3%~76.9%。此外,二季度以来,选择"现场招聘会""招聘网站""人力资源服务机构"的企业比重均有所提高,选择"到学校招聘或学校推荐"的企业也在1/3左右,这表明目前企业招用新员工的途径正在逐步多元化。

关于企业选择招工途径时最看重与关注的方面,调研显示,选择比重最高的是"能招到合适的人",比重在95%左右。

(四)企业招工难问题更加突出,主要原因是新生代农民工的择业期望提高。

关于对企业招工难度的预计,调研显示,75.9%的企业预计2011年第一季度招工"有一定困难"或"有较大困难",这一数据逐季度上升,第二季度为80.8%,第三季度为80%,第四季度达到了84.4%。调研表明,2011年企业招工难度越来越大。

从不同地区看,"京津冀"地区企业预计招工困难的比重在第二季度大幅提高,第三季度和第四季度有所回落;"长三角"地区企业预计招工困难的比重在第二季度有所回落,第三季度和第四季度逐渐回升;"珠三角"地区企业预计招工困难的比重在第一到第三季度逐季度回落,第四季度有所回升;其他地区企业则呈现全年逐季度上升的走势。

从不同规模看,2011年中小企业的招工难度总体要高于大型企业,并且基本上呈现逐季度加大的趋势。大型企业预计招工困难的比重在第三季度有所下降,但在第四季度明显回升,基本与中型企业持平,略低于小型企业。

从不同经济类型看,国有企业预计招工困难的比重呈现全年逐季度上升的趋势,并且上涨幅度较大;非国有企业预计招工困难的比重也基本呈现逐季度上升的趋势,不过上涨幅度相对比较平稳;外资企业预计招工困难的比重则基本呈现逐季度下降的趋势。

值得注意的是,一方面,企业反映2011年缺工情况逐渐缓解;另一方面,企业预计招工越来越难,同时企业在选择招工途径时最看重"能招到合适的人"这一项,这表明目前企业的用工需求与人力资源市场的供应存在结构性的失衡。

关于企业出现招工难的主要原因,调研显示,选择"新生代农民工的择业期望提高"的企业比重在第四次季度调研中均排在第一位,其他选择比重较高的还有"物价上升过快,导致求职者生活成本增加,预期收益下降""劳动力供给总量不足""招工岗位技术要求高""薪酬待遇低,缺乏竞争力"。

关于企业在招工用工方面希望国家或政府提供的政策支持,调研显示,选择"降税或帮助企业降低生产运营成本"和"稳定物价,降低生活成本,增加企业所在地生活消费成本吸引力"的企业比重相对较高,在四次季度调研中都排在前两位。其他选择比重较高的还有"政府组织培训,提升劳务工技能""多提供求职信息、招聘平台、沟通渠道""加快人力资源市场建设,提供更有针对性的服务"等。

二、2012年企业用工趋势

(一)企业人工成本上涨压力依然较大,2012年第一季度上升幅度有所提高。

关于对2012年企业人工成本的预计,调研显示,87.8%的企业预计2012年人工成本将比2011年上升,其中,25.7%预计"大幅上升",62.1%预计"小幅上升";10.3%预计"持平";仅1.9%预计下降。

从不同地区看,"珠三角"地区和"京津冀"地区企业预计2012年人工成本上升的比重相对较高,分别为90%和89%;从不同规模看,中型企业预计2012年人工成本上升的占90%,高于大型企业和小型企业;从不同经济类型看,国有企业预计2012年人工成本上升的占88.8%,要高于非国有企业和外资企业;出口型企业预计2012年人工成本上升的比重要高于非出口型企业。

关于对人工成本上升幅度的预计,从季度走势来看,2011年第二季度到2012年第一季度呈现先下降后上升的趋势,其中,预计2011年第二季度人工成本上升的比下降的多73.8个百分点,随后这一数据逐季度下降,到2011年第四季度时下降到65.7个百分点,但是2012年第一季度又再度回升到67.9个百分点。

从不同地区看,"京津冀"地区企业对人工成本上升幅度的预计相对较为平稳,而"长三角"地区和"珠三角"地区企业对人工成本上升幅度的预计波动较大(见表5-4)。

从不同规模看,中型企业对人工成本上升幅度的预计呈现明显的下降趋势,小型企业是先下降后回升,而大型企业的走势相对复杂,在2011年第三季度和2012年第一季度出现了两次下降(见表5-4)。

从不同经济类型看,非国有企业和外资企业对人工成本上升幅度的预计呈现下降趋势,其中,非国有企业预计2012年第一季度人工成本的上升幅度下降较多;国有企业则是先下降后上升(见表5-4)。

表5-4 2011年企业对人工成本上升幅度的预计情况 (单位:%)

企业分类	2011年第二季度	2011年第三季度	2011年第四季度	2012年第一季度
总体	73.8	69.3	65.7	67.9
"长三角"地区企业	80.2	63.4	64.8	67.9
"珠三角"地区企业	77.0	71.9	59.2	70.0
"京津冀"地区企业	69.6	74.0	70.9	71.9
其他地区企业	69.2	70.6	66.5	68.0
大型企业	68.5	61.0	67.3	66.0
中型企业	75.0	70.4	66.4	63.3
小型企业	73.5	69.2	65.0	68.9
国有企业	75.5	65.2	62.5	67.8
非国有企业(不含外资)	72.7	68.9	65.6	55.1
外商及港澳台投资企业	83.5	75.0	69.0	68.9
出口型企业	79.5	69.8	67.0	70.7
非出口型企业	67.6	68.8	64.6	70.2

(二)企业用工总体保持扩张趋势。

关于对2012年企业用工人数的预计,调研显示,预计"增加"的企业占43.8%,预计"持平"的占45.4%,预计"减少"的占10.8%,预计"增加"的比"减少"的多33个百分点。这表明,总体来看,2012年企业用工仍保持扩张趋势。

关于企业2012年招收大学生和农民工的计划,调研显示,计划招收的农民工数量增加的企业比减少的多17个百分点,其中,"珠三角"地区企业、中小企业、非国有企业2012年计划招收的农民工的数量增加相对较多。

调研显示,2012年计划招收的大学毕业生数量增加的企业比减少的多33.2个百分点,其中,"长三角"地区企业、大型企业、国有企业2012年计划招收的大学毕业生数量增加相对较多。调研表明,总体来看,2012年企业计划招收的大学毕业生数量的增加量要高于计划招收的农民工数量的增加量,这也许是结构升级的需求。

从 2012 年一季度企业的招工计划也能看出企业用工的扩张趋势,调研显示,2012 年第一季度有 76.6% 的企业计划招收新员工,这比 2011 年第四季度提高了 7.8 个百分点。

从不同地区看,与 2011 年第四季度相比,"珠三角"地区企业有计划招收新员工的比重上升较多;从不同规模看,大型企业和中型企业有计划招收新员工的比重上升较多;从不同经济类型看,国有企业有计划招收新员工的比重上升较多,但仍低于非国有企业和外资企业;出口型企业有计划招收新员工的比重上升较多。

(三) 预计 2012 年企业招工难度比 2011 年有所提高。

关于对 2012 年企业招工难度的预计,调研显示,预计"提高"的占 37.8%,预计"持平"的占 47.4%,预计"下降"的占 14.8%,预计"提高"的比"下降"的多 23 个百分点。其中,"珠三角"地区企业、大型和中型企业、外资企业、出口型企业预计明年招工难度将提高更多。

虽然企业预计 2012 年招工难度将比 2011 年有所提高,但从季度走势来看,2012 年第一季度企业招工困难的比重比 2011 年第四季度有所下降。调研显示,预计 2012 年第一季度企业招工"有一定困难"或"有较大困难"的占 78.6%,比 2011 年第四季度下降了 5.8 个百分点,也低于 2011 年第二季度和第三季度,其中,选择"有较大困难"的比重是近五个季度以来的最低值(见表 5-5)。

表 5-5 企业预计招工困难的比重/(%)

企业分类	2011 年第一季度	2011 年第二季度	2011 年第三季度	2011 年第四季度	2012 年第一季度
总体	50.6	57.3	56.9	55.8	58.4
"长三角"地区企业	81.2	78.4	78.8	83.4	80.7
"珠三角"地区企业	82.3	80.3	76.0	80.0	84.5
"京津冀"地区企业	67.0	88.6	81.0	79.3	72.0
其他地区企业	73.9	80.9	81.7	87.4	77.3
大型企业	66.6	74.2	70.6	82.8	66.7
中型企业	77.7	80.4	79.8	81.7	81.3
小型企业	75.8	81.7	81.3	86.4	77.7
国有企业	59.2	70.0	73.1	80.5	67.9
非国有企业(不含外资)	75.9	81.3	80.5	84.8	78.8
外商及港澳台投资企业	88.4	82.9	82.7	83.3	83.8
出口型企业	81.3	82.1	82.0	84.9	81.3
非出口型企业	70.4	79.5	79.4	83.9	75.6

从不同地区看,"珠三角"地区企业预计 2012 年第一季度招工困难的比重是近五个季度的最高值,并且要高于其他地区;从不同规模看,中型企业预计 2012 年第一季度招工困难的比重比上季度略有提高,是近五个季度以来的最高值;从不同经济类型看,外资企业预计 2012 年第一季度招工困难的比重比上季度略有提高,是近五个季度以来的最高值,并且要高于国有企业和非国有企业。

值得注意的是,不同地区、规模和经济类型的企业对 2012 年第一季度招工难度的预计存在较大差异,这表明我国招工难问题的结构性和季节性特征突出。

人力资源研究培训中心　企业家调研系统

学习反思 | 5个赞赏

首先,将团队与个人学习目标进行逐一对比,以清单列表或思维导图分解出已完成和未完成两部分;然后,用3~5个关键词描述自己团队在完成这项任务中未能解决的问题与所遇障碍;最后,对照最佳团队,归纳自己团队未完成部分的主要原因与对应责任,提交反思报告。

问题与障碍:

单元测验 | 5个赞赏(建议在40分钟内完成)

一、选择题

1. 市场调研报告要发挥其应有的作用,除了必须说明一切必要的细节、能发挥的参考作用外,还必须(   )。
   A. 能够证明调研研究结果的可信性   B. 详细说明调研的具体过程
   C. 详细论证调研方法的科学性   D. 能够证明调研结论的可行性
2. 市场调研报告的主要阅读者是(   )。
   A. 总经理   B. 销售员   C. 秘书   D. 董事长

二、结合情景和表格资料写一段陈述分析文字

情景:某机械厂4月铸铁废品率上升。废品率的多少不仅反映企业的产品质量,而且关系到企业的经济效率,所以必须尽快查出原因,找到对策。经过对车间工段生产工人技术等级和完成生产情况调研,反复查阅636张废品单,对资料层层分解、由浅入深,将第三季度产生的废品分别按责任单位、零件号和工种列表,如表5-6、表5-6、表5-7所示。

表5-6 第三季度车间废品情况

序号	责任单位	废品工时/小时	占车间废品/(%)
1	一工段	329	21.8
2	二工段	268	18.9
3	三工段	581	38.4
4	四工段	43	2.9
5	电火花	2	1
6	车间责任	271	17.9
合计		1512	100

表 5-7 第三季度三工段不同零件废品工时统计表

序号	零件号	废品工时/小时	占全部废品/(%)
1	1A	379	65.2
2	2A	121	20.8
3	3A	46	7.9
4	4A	30	5.2
5	5B	3	0.5
6	6B	1	0.2
合计		580	100

表 5-8 第三季度三工段 1A 零件分工种废品统计表

序号	工种	废品工时/小时	占废品工时/(%)
1	车工	117.1	42.2
2	钳工	114.5	41.2
3	工段责任	36.3	13.1
4	滚轴	9.7	3.5
合计		277.6	100

请对以上资料进行分析,写一段陈述分析文字。

Ⅶ 拓展学习｜5 个赞赏

（1）利用图书馆和网络资源了解需求理论以及人力资源管理的主要流派,并选择自己感兴趣的一派进行详细阅读。

（2）查阅不少于 10 份调研报告,并思考其优点与缺点。

Ⅷ 下一个工作任务｜5 个赞赏

预习"项目任务 6 实施网络市场调研",使用"雨课堂"预习老师推送的教学资料,与自己所在的调研团队成员交流探讨如何开展新的行动任务。

项目任务6　实施网络市场调研

任务单

在"大众化教育"取代"精英教育",不断扩招的十年来,高校毕业生人数由1999年的近90万人增长到2011年的近671万人,其中高职生已占半数以上。但在700余所高职院校中,毕业生就业率仅为50.1%。高职院校本是专业技能人才的孵化器,但是是什么原因导致其毕业生只有一半的就业率呢?如果就业的增长率长期大幅低于高职教育规模的增长率,那么高职毕业生今后就业难的显性问题将会反过来掣肘高职教育的发展。

与"就业难"形成鲜明对比的是中小企业"用工荒"。"用工荒"与"就业难"能如此矛盾地存在,说明需求与供给之间存在明显的鸿沟。为了摸清中小企业的用人需求、用人标准以及企业工作岗位所需的知识能力结构,调研公司及相关院校正在计划调研中小企业对高职应届毕业生的人才需求现状,以期在企业和学校之间真正能够架起一座桥梁,使"用工荒"与"就业难"的天堑变通途。

任务:你现在的工作岗位是市场拓展部的网络调研员,当前的任务是实施"中小企业对高职应届毕业生的人才需求现状"的网络市场调研。

Ⅰ 真实任务练习

任务解析 | 5个赞赏

教师分析任务需求：
确定的网络市场调研团队；
调研人员的网络知识和计算机软件应用技能；
调研对象背景资料及用人需求。

教师提出任务要求：
学习者自由组合为2～4人的调研团队，网上收集二手资料，查找"问卷星"会员注册及网上发布问卷的操作流程；

点击进入10～20家中小企业的官方网站，了解该企业成立的背景及经营理念，借助百度和谷歌搜索引擎，在线查找不同阶层的中层企业领导20～30位，作为微信、QQ、E-mail等网上调研的潜在调研对象，寻求网上调研对象的在线联络方式。

根据网络市场调研的基本知识、方法及技巧，设计"中小企业对高职应届毕业生的人才需求现状"的网上调研问卷。依据网上调研问卷，在线分析收到的调研问卷详情后，在线剔除无效调研问卷，查看并下载"中小企业对高职应届毕业生的人才需求现状"的网上分析数据及调研报告。

调研团队对任务单中问题的理解：

根据团队表现对其进行等级评价： ＋赞 ☆☆☆☆☆　　　　　分享/转发 ☆☆☆☆☆

教师对任务单中问题的理解：

随着移动互联网的迅速发展，网络普及率的提高，网民数量的增多，网络强大的信息存储与传播功能的实现以及与调研有关的网络技术的发展，利用互联网进行市场调研活动成为可能。所以，许多企业开始利用网络从事市场调研活动。本任务按照网络市场调研项目的实施流程，进行了任务分解。

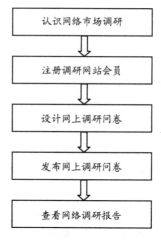

拟定学习目标 | 5 个赞赏

课程学习目标：

通过课程学习熟悉网络市场调研的一般步骤，了解网络市场调研的特点及局限，能够正确使用网络市场调研实施方法，掌握各大网络调研平台的会员注册方法，能够实施网上调研问卷的设计，掌握操作网上调研问卷的发布方法，能够实施网上调研问卷的填写与调研报告的查看。课程学习结果是设计一份网络市场调研问卷，并实施网络自助调研结果的查阅。

个人学习目标：

编制团队工作(学习)计划 | 5个赞赏

月　日－　月　日，　年

27 周日	28 周一	29 周二	30 周三	31 周四	1 周五	2 周六

27 周日	28 周一	29 周二	30 周三	31 周四	1 周五	2 周六

Ⅱ 智慧教学

(1) 通过"雨课堂",可用手机发布在线课件、试卷、公告。

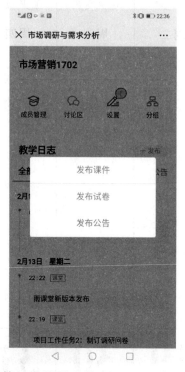

(2) 通过"雨课堂",可用计算机发放群公告。

Ⅲ 破冰游戏

所有人面对面排成两纵队,开始"达尔文进化论"游戏。游戏参与者需要扮演"鸡蛋、小鸡、凤凰、人类"4个角色。进化的方式:两两组合进行石头、剪刀、布(一局定胜负),获胜者可进化一步。从现在开始起,所有人蹲下,扮演鸡蛋。大家相互找同伴PK——石头、剪刀、布,获胜者进化为小鸡,输者退化为鸡蛋。小鸡和小鸡PK,获胜者进化为凤凰,输者退化为小鸡。凤凰和凤凰PK,获胜者进化为人,输者退化为凤凰。继续游戏,直到场上剩下最后一个鸡蛋、小鸡和凤凰。最后未能成功进化为人类的鸡蛋、小鸡和凤凰分别分享网上调研问卷设计的注意事项、网上调研问卷答卷的分析经验、网络市场调研存在的不足之处。

Ⅳ 知识技能学习

1. 认识网络市场调研

网络市场调研是指利用互联网有目的、有计划地收集、整理和分析与企业市场营销有关的各种情报、信息和资料,为企业开展营销活动提供依据的系列活动。

(1) 网络市场调研的优点与缺点

网络市场调研可在世界范围内全天候的开展,信息传递及时、快速。任何网民都可以参加,能与全球的市场参与者共同实施调研项目。只需把问卷放在网上,无须花费人力管理。被访者自愿填写问卷,其回答内容真实、客观。但网络市场调研也有自身的缺点,其优缺点如表6-1所示。

表6-1 网络市场调研的优缺点

网络市场调研的优点	网络市场调研的缺点
可跨时空进行	问卷设计具有局限性,被调研者可能存在作弊行为
具有及时性、交互性、充分性	自由选择导致只有少数人愿意回复或与调研人员联系,所代表的人数及范围较窄
具有开放性和共享性、可靠性、客观性	
便捷性成本低,具有可控性和可检验性	

(2) 网络市场调研的一般步骤

网络市场调研步骤一般分为6步,如图6-1所示。第一步,明确问题与调研目标。第二步,确定市场调研对象。第三步,制订有效的调研计划。第四步,收集信息。利用互联网做市场调研,不管是一手资料还是二手资料,都可同时在全国或全球进行收集,收集的方法很简单,直接在网上下载即可。第五步,分析信息。信息分析的能力相当重要,是把握商机,战胜竞争对手,取得经营成果的一个制胜法宝。第六步,提交报告。

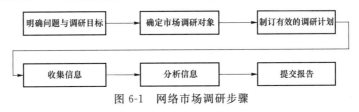

图6-1 网络市场调研步骤

（3）网络市场调研方法

利用互联网进行市场调研有两种方法（如图6-2所示）：一种是通过网上调研问卷或在线调研问卷等方式来收集资料的直接调研法；另一种是利用互联网的媒体功能，从互联网收集二手资料的间接调研法。网络直接调研法可分为网上问卷调研法、网上实验法和网上观察法，常用的是网上问卷调研法。

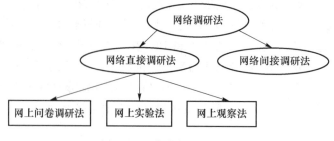

图6-2 网络市场调研方法

网上问卷调研法是指在网上发布问卷，被调研者通过网络填写问卷，调研人员通过网络回收（整理）问卷的调研方法。网上问卷调研法又可分为企业站点在线调研法、门户站点在线调研法、电子邮件邮寄问卷法等，其优缺点如表6-2所示。

表6-2 企业站点在线调研法、门户站点在线调研法、电子邮件邮寄问卷法优缺点

种类	优点	缺点
企业站点在线调研法	调研准确、有效；利于维系顾客关系	参与的人不固定也无代表性，资料不全面
门户站点在线调研法	总体和样本大；具有广告效应	易造成问卷无效，调研不准确
电子邮件邮寄问卷法	制作方便、分发迅速 可有选择地控制被调研者 比较受人注意	易遭到反感，有侵犯个人隐私之嫌 有可能违反《反垃圾邮件法》 只限于传输文本

2．注册调研网站会员

"问卷星"是一个专业的在线问卷调研平台，专注于为用户提供自助式在线设计问卷、回收问卷、统计分析数据等系列功能，以及样本服务和设计问卷等增值服务。与传统调研方式和其他调研网站或调研系统相比，"问卷星"具有快捷、易用、低成本的明显优势，已被大量企业和个人广泛使用。

"问卷星"网站会员注册操作要领如下。

（1）登录"问卷星"网站首页，单击"注册"按钮（见图6-3）。

（2）输入注册信息：用户名、密码、邮箱。在"用户类型"中选择"免费版"，输入验证码，单击"创建用户"按钮（见图6-4）。

项目任务 6 实施网络市场调研

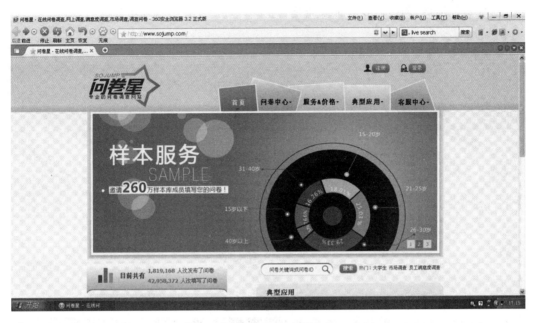

图 6-3 登录问卷星

图 6-4 输入注册信息

(3) 完成注册后,网站需要验证邮箱是否正确,单击"登录 QQ 邮箱"(见图 6-5)。

图 6-5　完成注册信息

(4) 输入用户信息后,登录 QQ 邮箱(见图 6-6)。

图 6-6　输入用户信息

(5) 查收"问卷星"发放的激活邮件(见图6-7)。

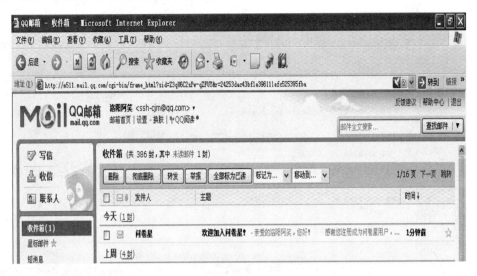

图6-7 "问卷星"激活邮件

(6) 按照提示单击"'点击这里'验证您的邮箱地址"(见图6-8)。

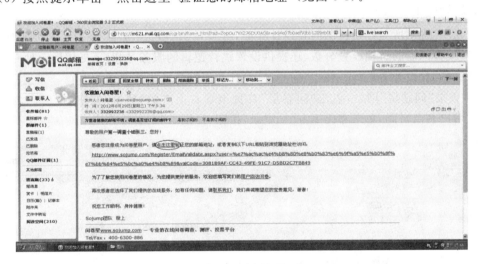

图6-8 验证邮件

(7) 单击"确定"按钮,通过验证后,页面将自动跳转到问卷设计页面(见图6-9)。

图6-9 邮件验证成功

（8）跳转到问卷设计页面后，则可开始设计调研问卷，至此会员注册成功（见图6-10）。

图6-10　问卷设计页面

3. 设计网上调研问卷

"问卷星"提供所见即所得的问卷设计界面，支持单选、多选、填空、量表等多种题型，可以为量表题或者问卷的选项设置分数，还提供设置跳转逻辑的服务，同时还提供数十种专业问卷模板供网上问卷设计者选择。使用"问卷星"设计调研问卷的操作要领如下。

（1）登录"问卷星"网站，点击"问卷星"首页顶端右上方的"登录"按钮，在用户名及密码处，输入用户名及密码，单击密码下方的"登录"按钮（见图6-11）。

图6-11　登录"问卷星"

(2) 登录后,自动跳转到问卷设计页面(见图 6-12)。

图 6-12　问卷设计界面

(3) 在问卷设计页面,点击"设计新问卷"后,出现的界面如图 6-13 所示,按照图 6-13 所示的问卷设计向导设计网上调研问卷。

图 6-13　问卷设计向导

(4) "问卷星"提供模板创建问卷、文本创建问卷、创建空白问卷等多种问卷设计方式,一般选择模板创建问卷或创建空白问卷,本书例子中选择单击"创建空白问卷"(见图 6-14)。

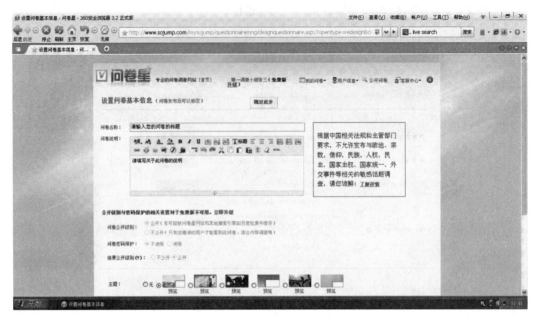

图 6-14 创建空白问卷

(5) 补充问卷信息。问卷名称(标题)、问卷说明(出现在标题下方的文字说明)、主题、语言、截止日期等可以按照需要填写,单击"下一步"按钮(见图 6-15)。

图 6-15 补充问卷信息

(6) 进入题目设计窗口,点击问卷说明下面的"在此题后插入新题"(见图 6-16)。

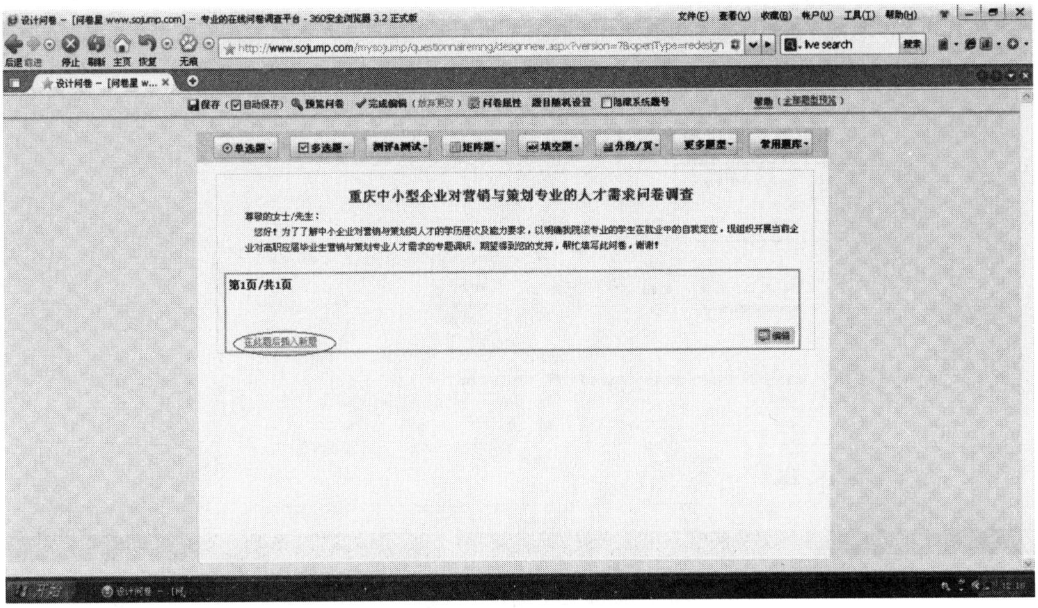

图 6-16 题目设计窗口

(7) 窗口出现如下变化,这时系统提示选择插入的题型,只需按实际需要在页面的上方(图 6-17 中圆圈标注处)选择相应的题型即可。题型选择页面见图 6-17。

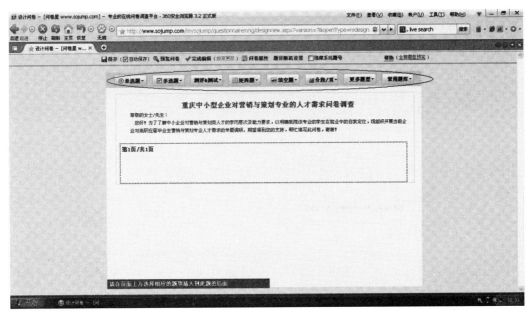

图 6-17 题型选择页面

(8) 单击"单选题",出现如下界面,图 6-18 中方框区域不用管,圆圈区域才是编辑区,标题栏中输入要提的问题,在"选项文字"里填入提供选择的项目,一个栏目中只填写一个答案选项,栏目不够时,可单击旁边的加号按钮来增加栏目,填完后单击"完成"按钮(见图 6-18)。

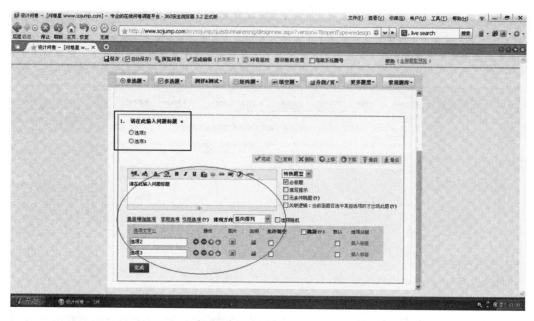

图 6-18 创建单选题

（9）第一题添加完成后，在设计问卷页面中出现了第一道题目——"您的企业是否愿意接受高职营销专业毕业生"及选项"愿意、不愿意、未考虑过"，点击第一题最后选项栏下面的"在此题后插入新题"，继续添加第二题，添加的步骤和添加第一题的步骤一样（见图6-19）。

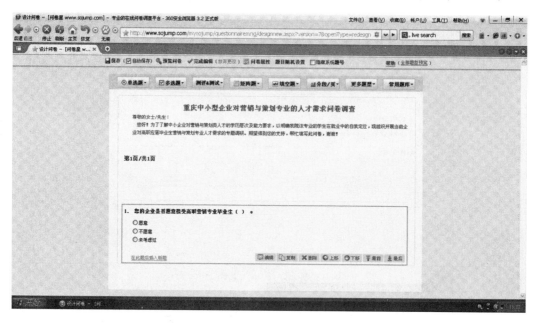

图 6-19 添加新题

（10）在设计问卷问题选项时，若需要删除某选项时，只需单击选项旁边的减号按钮，即可删除该选项的所有内容；若需增加选项时，只需单击加号按钮即可（见图6-20）。

图 6-20　修改单选题

（11）在设置一些有"其他"选项的问题时，需要被调研者填写其他的具体内容，需要单击"其他"后面的"□"按钮，再单击"完成"按钮。被调研者即可在"其他"选项后面填写其他的具体内容（见图 6-21）。

图 6-21　允许填空

（12）创建多选题与添加新单选题相似，首先，单击"在此题后插入新题"；其次，单击上方的"多选题"按钮；再次，在标题栏输入要提问的问题；最后，在"选项文字"里输入提供选择的选项，单击"完成"按钮，多选题便创建成功了（见图 6-22）。

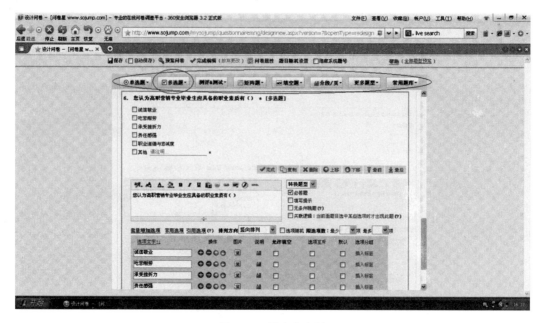

图 6-22 创建多选题

（13）若添加新的多选题，则单击"在此题后插入新题"，再单击上方的"多选题"按钮即可；若需要修改已创建的多选题，则单击"编辑"按钮，标题栏用于修改问题标题，选项栏用于增加或删除选项内容，可根据实际需要，点击所需要的按钮（见图 6-23）。

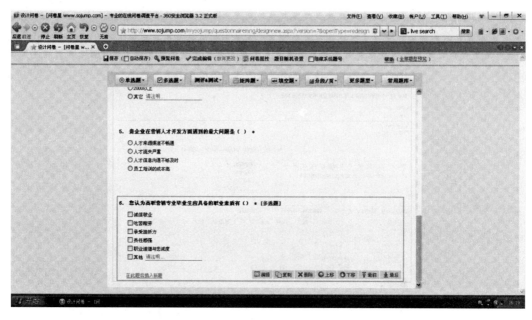

图 6-23 修改多选题

（14）创建开放式问题。创建时，可以选择单击"在此题后插入新题"，再单击"填空题"的下拉菜单中的"多行文本"（见图 6-24）。

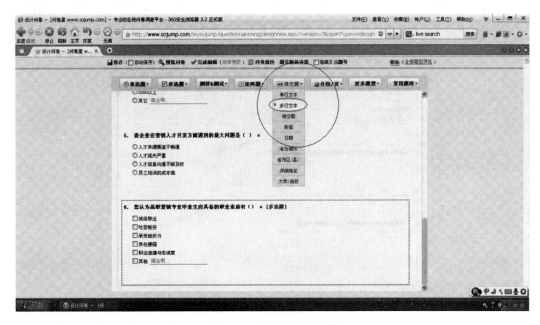

图 6-24 创建开放式问题

（15）设计开放式问题时，可根据实际需要，将问题设置为必答题或非必答题，通过单击标题栏旁、必答题前的"□"，将题目设计为"必答"或"非必答"（见图 6-25）。

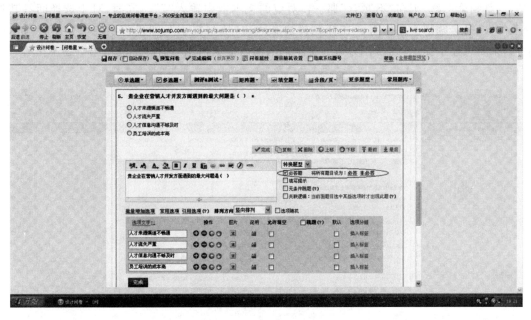

图 6-25 设计开放式问题

（16）在问卷设计中，有时需要设置一些跳转题目。例如，上文的第 1 题问到"您的企业是否愿意接受高职营销专业的毕业生？"，而后面连续几道都是了解有关愿意接受高职毕业生的相关信息，对于不愿意接受高职毕业生的人来说就不需要作答，这就需要在第 1 题处设置跳转，在第 7 题针对不愿意接受高职营销专业毕业生的企业提出问题（见图 6-26）。

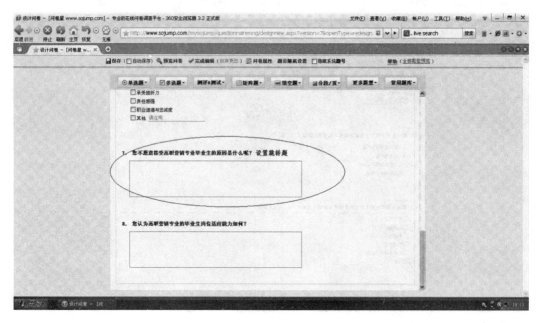

图 6-26　设置跳转题目

(17) 鼠标移到第 1 题，单击"编辑"按钮，然后在选项文字栏中找到"跳题"，点击"□"，在下面会出现 2 个文本框，在文本框中填入选择该选项后要跳转到的题目。例如，回答"不愿意"，需跳到第 7 题，则在"不愿意"那一栏对应的文本框中输入"7"。同时，对于选择回答其他选项的人，第 7 题则不用作答。在标题栏边有一项"填写提示"，如果该项空白则不会显示提示；如果要想显示提示，则需在旁边的文本框里输入提示信息"选择"愿意"，第 7 题不作答"（见图 6-27）。

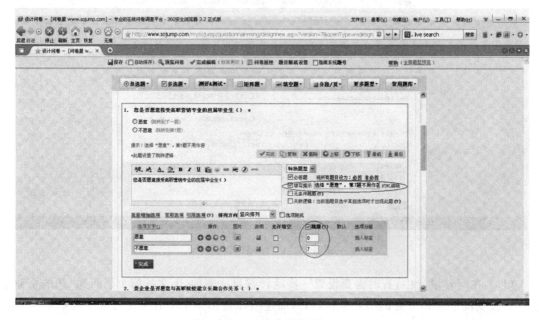

图 6-27　设计跳转作答提示

(18)按这种上述方法及菜单提示,一题一题地添加就可以完成整个问卷的设计。整个问卷设计完之后,可以点击屏幕最上方的"完成编辑"(见图6-28)。

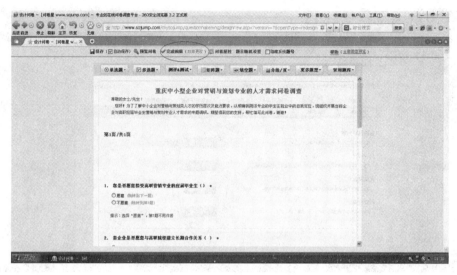

图 6-28　完成问卷设计

4. 发布网上调研问卷

网上调研问卷设计结束后,接下来就是发布网上调研问卷。发布网上调研问卷的操作要领如下。

(1)完成网上问卷设计的最后一步,即点击屏幕最上方的"完成编辑"后,页面会自动跳转到问卷管理页面,在该页面可以对已设计的问卷进行编辑、发送和查看或复制等操作(见图6-29)。

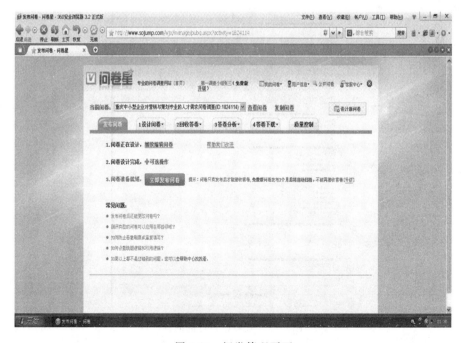

图 6-29　问卷管理页面

(2)点击选项卡"1设计问卷",可以编辑问卷内容、进入问卷设置界面、完成页面设置及进行问卷外观设置等(见图6-30)。

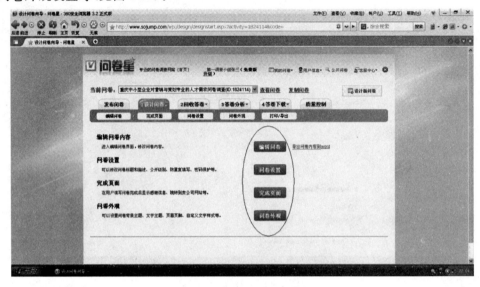

图6-30 修改问卷内容

(3)单击"查看问卷",可以查看到已设计好的问卷样式,并进行试填。查看后,若发现有问题,可对有问题的地方进行重新编辑(见图6-31)。

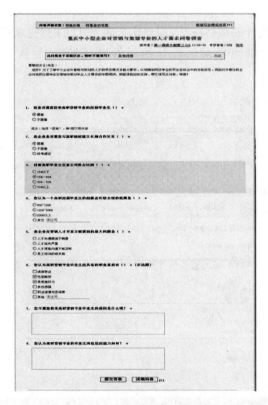

图6-31 查看已设计的问卷

(3) 单击圆圈里的"立即发布问卷",设计好的问卷就成功发布了(见图6-32)。

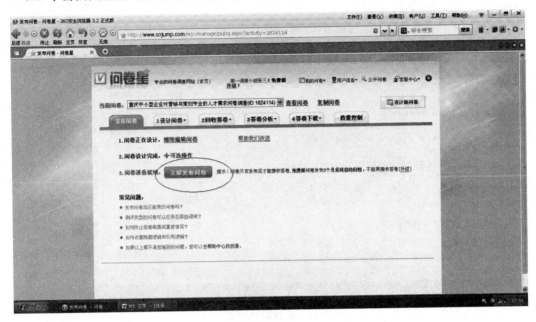

图 6-32　发布问卷

(4) "问卷星"提供了多种发送问卷的方式,如复制问卷地址,粘贴到 QQ、E-mail、博客、论坛等(见图6-33)。

图 6-33　多种问卷发布方式

(5) 以邮件方式发送问卷为例,首先要复制问卷链接地址,粘贴到 E-mail 栏中,再将此链接地址以正文的形式发送给被调研者(见图6-34)。

市场调研与需求分析一体化项目教程

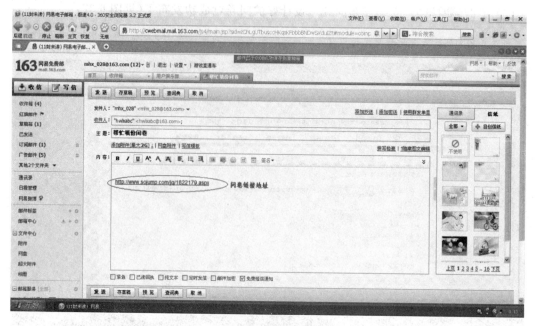

图 6-34　发送问卷到 E-mail

5．查看网上调研报告

将设计好的问卷通过网站、邮件、博客、论坛发送结束后，用户可以随时查看问卷的填写情况。在问卷管理页面，单击"3 答卷分析"选项卡，可查看答卷详情（见图 6-35）。

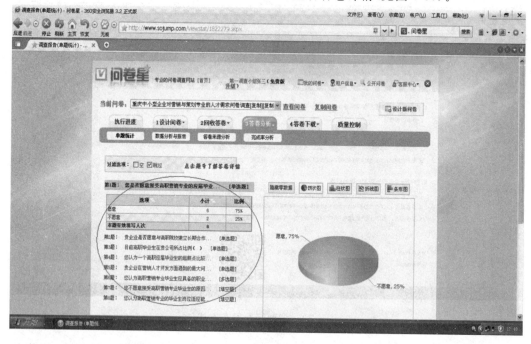

图 6-35　查看答卷详情

（1）查看问卷填写结果时，可以通过饼状图、柱状图、折线图、条形图等图表来显示数据。"问卷星"还提供了各图表的保存、打印、放大等功能（见图 6-36）。

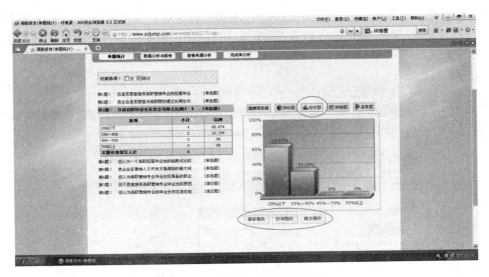

图 6-36 柱状图显示答卷填写详情

(2) 单击"3 答卷分析"下拉菜单中的"浏览答卷详情",再点击"查看全部问卷",便可浏览每份答卷的原始答案(见图 6-37)。

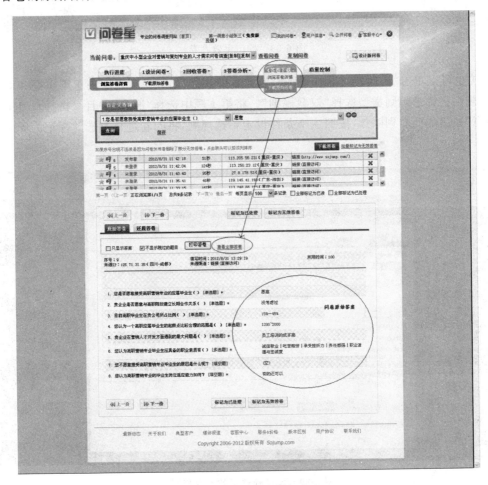

图 6-37 查看答卷详细信息

(3) 在查看并分析原始问卷的过程中,不可避免地会发现一些无效答卷。这时,我们需对无效问卷进行处理,单击"标记为无效答卷"按钮,然后点击"确定",就可手动将无效答卷筛选出来(见图 6-38)。

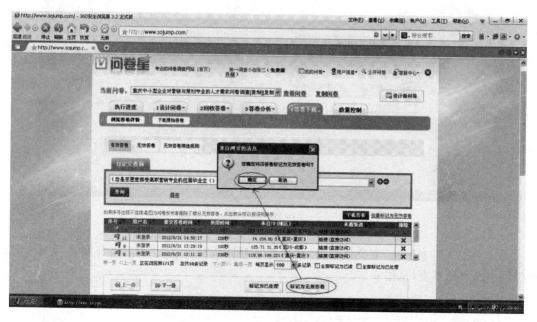

图 6-38 标记无效答卷

(4) 也可以单击"无效答卷筛选规则",填入规则名称,如"1~7"表示关于第 1 题和第 7 题的筛选规则。筛选规则类型选择"双题规则"。将第 1 题中选择"愿意"并且又选择作答第 7 题"不愿意"原因的问卷剔除掉,按照这个条件设定筛选规则,将问卷进行筛选并标记为无效答卷(见图 6-39)。

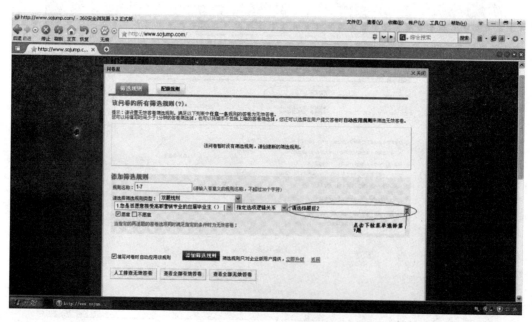

图 6-39 设计筛选无效答卷规则

（5）无效答卷筛选结束后，单击选项卡"3 答卷分析"下拉菜单中的"数据分析与报告"，可查看有效答卷数量。此时，网上问卷调研工作已基本完成，如需下载调研报告，可单击"下载调研报告"按钮（见图6-40）。

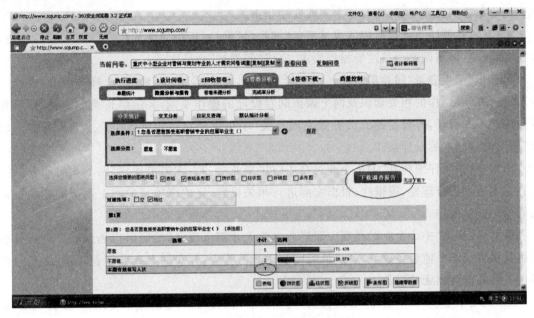

图6-40 查看并下载调研报告

学习笔记/评论

学习本知识技能点后，对其等级评价：　＋赞　☆☆☆☆☆　　　　　分享/转发　☆☆☆☆☆

Ⅴ 实 战 演 练

1．操作步骤

第一步：教师下达任务单，介绍完成任务的目的和要求，强调实施网络市场调研的实践应用价值，调动学生动手设计的积极性，同时介绍网络市场调研的特点、方法及操作流程。

第二步：组建网络市场调研团队。教师将教学班的学生按每小组2～4人的标准划分成若干项目小组，每个小组指定或推选一名组长。

第三步：学生再次阅读注册"问卷星"会员、设计网上调研问卷、发布网上调研问卷及查看网上调研报告的操作要领，将其作为实践实施指南。

第四步：各网络市场调研团队成员登录"问卷星"网站，运用所学知识及已经掌握的技能，根据"问卷星"调研网站会员注册操作要求，完成"问卷星"会员注册。

第五步：学生登录"问卷星"，输入用户名及密码，登录"问卷星"账号，选择选项卡"设计问卷"。根据问卷制作的相关知识及网上调研问卷设计的操作要领，各组组长调配资源，落实各成员的任务和责任，并督促各成员有效完成有关"中小企业对高职应届毕业生的人才需求现状"网上调研问卷的设计操作。

第六步：学生仔细核查"中小企业对高职应届毕业生的人才需求现状"网上调研问卷的问题和答案选项的合理性、逻辑性，根据实际进行相关设置，完成该项目的网上调研问卷的发布与问卷的试填操作。

第七步：实施"中小企业对高职应届毕业生的人才需求现状"的网络市场调研。各项目小组组长负责组织并监督各成员，各成员需回收100份答卷，并在网上查看答卷详情，逐一分析各份答卷并标注出无效问卷。

第八步：学生进入"问卷星"管理页面，网上查看网上调研问卷的操作要领，并查看"中小企业对高职应届毕业生的人才需求现状"的网上调研报告，根据需要进行该项目的网上调研报告的下载。

第九步：实施网络市场调研的总结与分享活动。教师集中安排各项目组向全班报告（PPT口头报告）。首先，各项目小组推荐发言人或组长代表本小组，借助PPT展示本团队成果，说明不足之处，接受其他团队的质询；然后，教师点评、总结；最后，全班匿名投票，评选出优胜团队，给予表扬与奖励。

2. 注意事项

（1）教师注意要事先将教学班的学生按照自由组合或寝室编号分成3～4人的网络市场调研项目小组，并确定组长，让学生以小集体的形式共同完成网络市场调研的工作任务。

（2）各调研小组开展网上市场调研的每个环节时，首要考虑的问题是尽可能提高网络调研结果的质量，应重视下列8个方面：认真设计在线调研表；吸引尽可能多的人参与调研；尽量减少无效问卷；公布保护个人信息声明；避免滥用市场调研功能；规避样本分布不均衡的影响；合理设置奖项；采用多种网上调研手段相结合。

3. 效果评价

根据学生上课出勤、课堂表现、实践操作"问卷星"调研网站的情况、网上调研问卷的设计与发布操作效果、PPT口头报告情况等进行评定。首先，各项目组组长对组内各成员进行成绩评定（优秀、良好、中等、及格、不及格），并填写表6-3；然后，教师对小组提交的市场调研问卷和PPT口头报告进行点评；最后，教师综合评出各小组成绩，并按照以下公式进行加权计算，给出个人最终成绩且填写表6-4。

$$个人最终成绩 = 组长评定成绩 \times 30\% + 教师评定成绩 \times 70\%$$

表 6-3 组长评定组内成员成绩表

项目小组成员姓名	小组成员成绩/分					备注
	优秀（90以上）	良好（80~90）	中等（80~90）	及格（80~90）	不及格（60以下）	

表 6-4 教师评定网络市场调研实施及口头报告 PPT 成绩表

评价指标	分值/分	评分/分	备注
"问卷星"调研网站会员注册完成的准时性	10		
网上调研问卷设计操作的正确性与完整性	25		
发布网上调研问卷操作的正确性与完整性	15		
查看网上调研报告操作的正确性和完整性	15		
PPT 制作水平	10		
口头汇报效果	25		
网络市场调研实施的总体评价	100		

Ⅵ 分享与反思

分享｜5个赞赏

案例分享："雅虎"的网络调研

雅虎是第一家网上搜索引擎门户网站，它的很多广告客户是国际知名大企业。因为雅虎向客户提供准确的信息流量、网上用户统计信息以及更为详细的个人信息，所以雅虎有高知名度和高访问率。

一、网络市场调研的动因

"雅虎"授权英国营销调研公司"大陆研究"和他的合作者——纽约一家名为"Quantime"的公司对德、法、美三国的使用者进行调研。调研分为两阶段：第一阶段，收集三国的"雅虎"商业用户及一般用户访问网站的数据，了解其上网动机及其主要网上行为，同时要求被访者提供 E-mail 地址以备再次联系；第二阶段，进行深度调研，主要是吸引督促被访者参与完成调研，确保收集到最佳信息。

二、网络市场调研的优势

没有时空地域的限制，反馈速度很快；互联网的交互性使调研时间大大缩短。传统调研耗费大量人力,有的面访或入户调研还有被拒绝的尴尬,而网络调研中参与填写问卷的人是自愿的,仅仅两周时间便接到 10 000 多份来自三个国家的完整答卷,参与的网民表现出良好的合作态度。

三、网络市场调研的主要方式

① 利用 E-mail 问卷。E-mail 问卷制作方便、分发迅速,能够得到被访者的充分注意。被访问者将问卷回复给调研机构,设专门的 E-mail 问卷调研小组,列出可以进行 E-mail 网络调研的被调研者的邮箱,并收集被调研者的其他相关数据。

② 利用交互式电脑辅助电话访谈(CATI)系统。访问员坐在计算机终端或个人计算机前,连通被访者后开始键入问题,被访者回答后计算机会根据答案自动显示下个问题。这省略了后期数据的编辑及录入步骤,因为数据已被直接输入计算机内,统计工作可以随时进行,这是用纸笔统计时所无法做到的。

③ 利用网上调研系统。网上调研系统是一种在网站上设置调研问卷,将用户在线投票的统计结果直接显示的调研工具。调研活动的发起者只要在网站上设置一个调研问卷,就可以全国乃至全世界范围内得到访问者的反馈信息,通过数据统计分析就可以得出有用信息。

三种方法各有特色:第一种简单易做,成本最低,但不能传输图像,功能受到限制;第二种方式调研速度快而且误差小,但需要较高的人力成本;第三种方式需要较高的投入,由于使用了网络专业工具,这种网络市场调研方法比较适合大规模样本调研。

四、网络市场调研注意事项

① 要制订网络调研市场提纲。网络市场调研提纲可以将调研具体化、条理化,这有利于和网民沟通。

② 网络市场调研必须提供适当的激励,这样会获得更多的参与者。例如,摩托罗拉、惠普做网络市场调研时都用奖品来激励参与者。

③ 网络市场调研必须对调研对象进行角色细分。例如,某时尚休闲男装的销售对象是年轻男性,而实际购买者也包括他们的妻子、女友、母亲等女性。通过角色细分可以使调研结果更有针对性和准确性。

学习反思 | 5 个赞赏

首先,将团队与个人学习目标进行逐一对比,以清单列表或思维导图分解出已完成和未完成两部分;然后,用 3～5 个关键词描述自己团队在完成这项任务中未能解决的问题与所遇障碍;最后,对照最佳团队,归纳自己团队未完成部分的主要原因与对应责任,提交反思报告。

问题与障碍:

单元测验 | 5个赞赏(建议在40分钟内完成)

一、单项选择题

1. 网络直接调研的方法用得最多的是( )。
   A. 问卷调研法　　B. 搜索引擎　　C. 视频会议　　D. 媒体

2. 网络调研可在世界范围内全天候的开展,信息传递及时、快速。以下哪项不是网络市场调研的优势( )。
   A. 及时性　　B. 经济性　　C. 交互性　　D. 地域性

3. 分类是认识事物的重要方法,根据不同的标志,可以将网络直接调研方分为若干类型。根据调研的操作思路不同,网络直接调研法可以分为网上问卷调研法和( )。
   A. 电子邮件调研法　　　　　　B. 随机 IP 调研法
   C. 视频会议调研法　　　　　　D. 网上论坛调研

4. "问卷星"是一个专业的( )平台。
   A. 在线软件测试　　B. 在线远程监控　　C. 在线问卷调研　　D. 在线模拟仿真

5. 下列有关网络市场调研说法不正确的是( )。
   A. 网络市场调研的结果客观性高
   B. 网络市场调研没有时空、地域限制
   C. 网络市场调研的成本耗费少,效率高
   D. 网络市场调研不便于对信息的质量实施系统的检验和控制

二、多项选择题

1. 网络问卷的结构具体包括( )。
   A. 说明词　　　　　　　　　　B. 收集资料部分
   C. 样本特性分类资料部分　　　D. 计算机编号
   E. 以上都不对

2. 网络间接调研法有( )等多种调研方式。
   A. 网络问卷　　　　　　　　　B. 网络论坛
   C. 设置留言板　　　　　　　　D. 新闻组和电子邮件
   E. 搜索引擎收集资料

3. 网络市场调研具有传统市场调研手段和方法所不具备的独特的优势( )。
   A. 及时性　　　　　　　　　　B. 便捷性
   C. 经济性　　　　　　　　　　D. 交互性
   E. 可控制性

三、案例分析

可口可乐网站的网络调研

互联网的出现对很多知名企业的产品和品牌都带来了新的挑战。对可口可乐公司而言,电子邮件、语音信箱、网络站点等技术不只是传统经营方式的补充,而是成败攸关的重要因素。可口可乐首席执行官艾华士一直认为,只有获得大量信息,才能进行实时决策。我们要做的事情是与消费者沟通,从我们得到的资料看来,我们与顾客的关系正在变得越来越密切。

可口可乐公司在网络营销上是极其认真的,它在网上的渗透和扩张的意图也是十分强烈的,从与网民的交互中获得信息的欲望也是实实在在的。可口可乐公司设计了如下一批问题:

您最常访问哪类站点(科学、商业、政府、卫生、教育、新闻、运动、娱乐、游戏、地理……)?

您是如何找到可口可乐站点的(从报纸或杂志上看到,从朋友处听到,从一个您本人不太喜欢的人处听到,本人是可乐迷专程找上门来的,只是偶然撞上,从别的站点链接过来的,等等)?

您最后一次访问本站是(昨天、上周、上个月、很久以前)?

您访问过本站几次(1至2次、3至6次、6次以上)?

您最喜欢本站哪些页面或栏目(选择目录)?

您认为本站点哪些页面或栏目不需要(选择目录)?

您认为本站还应增加哪些内容(游戏、不同品牌的信息、可下载的新资料成旧素材、其他内容、建站者信息等)?

您认为本站在网上排名第几(您所访问过的前5%以内、前10%以内、排名再后些)?

所有这些数据对于任何认真开展网络营销,同时又拥有一支数据分析队伍的企业来说,都是一笔无可估量的财富,它将在改进站点、建立客户数据库、开展精细营销、提供个性化服务和培养顾客忠诚度、增强品牌竞争力等方面发挥巨大的作用。

案例分析与讨论题:

(1) 网络市场研究与一般市场研究无论在技术、调研方法上,还是数据收集和处理等方面都有很大的差异,这些差异将会对调研研究结果产生什么样影响?是如何影响的?

(2) 网络市场调研使调研对象可以避免调研人员的诱导和提示,在相对轻松的环境中从容答卷,从这个角度看,这提高了调研结果的客观性;但调研对象在无任何压力和责任的情况下答卷,也很容易导致其在回答问题上的随意性,甚至弄虚作假。如何看待这两种结果?怎样才能进一步提高网络市场调研的效果?

Ⅶ 拓展学习 | 5个赞赏

(1) 在线浏览 91 问问调查、爱调查、调查通、我要调查、第一调查、中国调查、知己知彼等网站;

(2) 阅读《网络市场调研与消费者行为分析》(华春芳主编,由机械工业出版社于 2017 年出版)。

(3) 实施有关"在校大学生月消费现状"或"国家示范高职优质校建设现状"的网络市场调研。

参 考 文 献

[1] 康韦.做企业就是做市场:一个市场总监的管理日志[M].北京:金城出版社,2018.
[2] 朱德义.房地产项目——调研·定位·方案[M].北京:化学工业出版社,2018.
[3] 周斌.基于问卷调查的数字阅读负面影响实证研究[M].北京:人民出版社,2018.
[4] 风笑天.社会调查中的问卷设计[M].3版.北京:中国人民大学出版社,2014.
[5] 希尔伯曼.企业咨询调研问卷精选[M].单敏,丛蓉,译.北京:电子工业出版社,2015.
[6] 张喆.大数据流下调查数据的统计分析[M].北京:中国社会科学出版社,2018.
[7] 叶向,李亚平.统计数据分析基础教程——基于 SPSS 和 Excel 2010 的调查数据分析[M].2版.北京:中国人民大学出版社,2015.
[8] 吴密霞,刘春玲.多元统计分析[M].北京:科学出版社,2017.
[9] 刘宝珊.如何撰写调研报告[M].北京:红旗出版社,2013.
[10] 张明,王永中.海上丝绸之路调研报告[M].北京:中国社会科学出版社,2017.
[11] 赵惜群.中国网络内容建设调研报告[M].北京:人民出版社,2017.
[12] 王珠珠.中国学生网络生活调研报告[M].北京:人民教育出版社,2016.
[13] 周俊.问卷数据分析——破解 SPSS 的六类分析思路[M].北京:电子工业出版社,2017(03).
[14] 戴力农.设计调研[M].2版.北京:电子工业出版社,2016.
[15] 林建邦.市场调研与预测[M].广州:中山大学出版社,2018.